贈與、繼承、房地產買賣、節稅、理財……

活用

靈活運用稅務・法律富足一生

稅務與法律

林敏弘
會計師 著

林佳穎 律　師
　　　 會計師 審訂・徐谷楨 採訪整理

稅法活字典　　林慶隆

會計師公會全國聯合會理事長林敏弘先生出版《活用稅務與法律》新書，囑我為序。林理事長早年服務於審計機關，與我相交近四十載，因不揣昧陋，欣然應允。

1970年，林理事長與我同入審計部台灣省審計處服務。林理事長甫入審計機關，便展露法學長才。對於稅法及民商法尤為專擅，應用嫻熟。同事間餘暇晤談，方知敏弘兄就讀初中時期，便已對法學產生濃厚興趣。平日以閱讀六法全書為樂，早於十餘歲時即通過書記官考試。後因參加會計審計人員普通考試，乃轉入審計機關服務。

早年稅法解釋令多如牛毛，其中更有諸多競合之處。林理事長潛心投入稅法及相關法令研究，將所得逐一簽報去函財政部，請求解釋或修改，頗樹其功。在專業進修方面，林理事長亦一路過關斬將。先後完成學士學位，通過高等考試，並取得會計師執照。由於當時同僚多出身商學背景，林理事長以兼具法律專長，因而深受各級長官器重。1976年，審計部於台北縣及高雄市設置審計室，林理事長即以工作績

效優異，富服務熱忱，獲審計部拔擢升任台北縣審計室審計兼課長。

審計部地方審計之目標，首在建立地方財務秩序，端正地方財務風氣，改善地方財務效能。林理事長在課長任內，充分發揮審計人員服務精神，輔助轄審機關建立財務制度，改善財務秩序，深受各界好評。然而值此卓然有成之際，林理事長卻毅然決定轉換跑道，卸下公職，創設勤實會計師事務所，審計機關頓失一位專業人才。

識高見遠，獨步業界

林理事長於審計機關，歷練十一載，期間又持續鑽研不輟，學思精深。因此除具備會計師各項專業知識及經驗外，對於各項稅法之應用，亦已達爐火純青境界，特別對於遺產贈與稅及財產取得之相關規劃、紛爭處理，更是識高見遠，獨步業界。如1989年股市委託書大王驟逝，其家屬委託林會計師申報遺產稅，此案遺產種類繁多，金額龐鉅，十分複雜。然而經林會計師抽絲剝繭，詳加處斷後，問題一一迎刃而解。從此聲名大噪，奠下在處理遺贈稅方面執牛耳地位。

近年來，林理事長進一步擴展事業版圖，創立勤實佳關係企業，提供房地產買賣仲介、代書、室內修繕、外牆更新及相關稅務處理等全方位服務及多元化經營。事業有成後，林理事長更不忘回饋社會，每年捐贈萬公斤白米濟貧，又於

2002、2004、2006年三度捐贈地方政府救護車，並擔任中華民國紅十字會總會監事。其獲會計師同業擁護擔任會計師公會全國聯合會理事長，誠為實至名歸。

事理與情理兼具

　　林理事長經年應各界邀請演講，並應邀於《聯合報》及《經濟日報》開設專欄，深獲大眾喜愛。如今將《經濟日報》專欄文章，結集出版，以饗讀者。《活用稅務與法律》全書涵蓋「贈與、繼承之稅務與法律」、「房地產稅務與法律」、「生活稅務與法律」三部分，內容多舉林理事長親身受託辦理、客戶諮詢之實際案例，或報載之相關新聞，加以分析。再複雜之法律條文或新舊法條之適用，林理事長均能一語道破，堪稱「稅法活字典」。全書內容深入淺出，奉讀受益匪淺，令人不忍釋卷。其中印象最為深刻的是，林理事長處理財產紛爭案例時，每每相勸當事人各讓一步，因而獲得圓滿收場，皆大歡喜。

　　林理事長練達之專業才學，與為人之敦厚，余素所推許。值其新書發表，委我以寫序重任，遂絮語累牘，述記所知。本書之出版，提供廣大讀者日常生活相關法律常識，並不吝分享執業經驗，事理與情理兼具，實為難得好書。願林理事長能著作不輟，是為讀者之福。

（作者為審計部審計長）

敏學深思，弘教利生 　林永發

林理事長敏弘宗兄新著《活用稅務與法律》，係自2006年
11月以來，應邀在《經濟日報》專欄「生活稅務與法
務」，針對大眾生活稅務與法律之疑義及保障合法權益之需
要而陸續刊載。雖係分期短文登載，然年餘來結集各專欄文
章，綜合觀之，仍見其脈絡法理貫通，有如一氣呵成，為文
「深入淺出」、「條理清晰、切中實相」之精采表現，不輸
法律專業人士之著述，堪稱稅務法律之實用參考指南。

　　生活法律浩瀚無邊，尤其是財稅法令更是量多煩繁，索
然無味。然遇著切身實際難題時，又常不知所措。林理事長
係學有專精，對隨時發生在我們周遭社會之法律糾紛及稅法
難題能保有高度敏感度，發現問題，循法律解釋及適用為文
建議解決之道，對不合法理及公平之舊法律提出修法之卓見
（如建議將來可以考慮修法，將贈與稅改為受贈人繳納，兼
顧公平合理性），以此實用之生活稅務與法律文章幫助及教
育社會大眾，實不愧為「敏學深思，弘教利生」之稅務法律
宗師。

《活用稅務與法律》係就日常生活發生之民商法律中，有關財產法及身分法領域內之實例，簡述案情，針對個案引用法律條文詳敘理由，資為排難解紛之道。其每一節標題既示題目，亦示答案，貫通法理與實務，如同孔子所云：「吾道一以貫之」之易通境界。

　　如同第一篇中的第一則故事「贈與立字據，未給付且未公證可撤銷」；第三則「受贈人繳贈與稅，較公平合理」；第五則「不必為胎兒辦理拋棄繼承」（民法第7條規定「胎兒以將來非死產者為限，關於其個人利益之保護，視為既已出生」，因此胎兒只有繼承利益時才視為既已出生，若被繼承人只留債務時，則胎兒不視為既已出生，故沒有拋棄繼承之必要）；第七則「推定為婚生子女，保住遺產」；第九則「離婚未登記，配偶遺產可繼承」等均可自標題明白答案，實屬難能可貴，令人佩服林理事長為文之便巧。

　　敏弘宗兄以專精會計而榮獲全國會計師公會聯合會之最崇高地位理事長，伊於全國四師（即律師、會計師、醫師、建築師）理事長聯誼會固定之集會時所表現之溫文厚實，深沉智慧，關懷時政，熱心教育及公義任事之翩翩君子風度，一向為全國理事長所推崇之長者。

　　吾深知敏弘宗兄頗有法學素養，然不知其在民商實體法領域有如此深厚之涵養，學理與實務圓融無礙，故能經常寫出如此適切得體之專文，實堪一般民眾生活稅務法律之指南寶典，謹此樂為之推荐，並為之序。

　　　　　　　　（作者為中華民國律師公會全國聯合會理事長）

　　我從報上認識林敏弘會計師很久了，十多年前，林敏弘已經承接股市名人陳德深遺產稅這種大案。這麼多年來，只要一碰上遺產、繼承的法務稅務問題，他是記者們必採訪的對象。直到一年多前，我才有機會和林敏弘吃飯聊天，聽他講故事。

　　才剛坐定，林敏弘很熱情地說，要請大家喝花酒。我的心跳了一下，大白天的，這餐廳也來過幾次，沒聽說有什麼名堂。餐吃到一半，有人帶著一包東西進來，一打開，是「滷花生」。「『花酒』開始了，花生下酒，人生一大享受。」林敏弘揭開謎底。那花酒真的很香，以後每次林敏弘找吃飯，都問他：有花酒喝嗎？

會說故事的人

　　「喝花酒」還是其次，聽林敏弘講故事才是真享受。其實每一個都是他承接的案子，親身接觸、親眼所見、親耳所

聽，都是真實人生。林敏弘講話慢慢地，每一個故事的主角都沒有名字，只有情節和涉及的稅務、法務問題，這些真實人生，聽過一次就忘不了，因為它就發生在我們身邊。

有些故事，我記得很清楚。有個兒子旅居海外多年，因為父親過世回台灣，回台後發現自己多了一個繼母，照護父親的護士聲稱和父親結婚了，就在父親死前一個星期。父親只有他一個兒子，按法律規定，他得和繼母平分父親的遺產。這該怎麼處理呢？

兒子當然先查清楚結婚有效、還是無效，他到戶政事務所打聽過父親的結婚登記資料，裡面有兩張照片。林敏弘說，一看照片就知道對方應該也懂法律，一張是在特等病房中舉行公開結婚儀式，病房門是打開的，如果房門是關上的，還可爭議沒有公開儀式；還有一張是他父親微笑的照片，這顯示病中的父親仍有行為能力，並非意識不清。

就這樣得把父親的遺產分一半給個陌生人，兒子一定很不甘心。有辦法沒有？林敏弘說，有。結果女護士還是分到遺產，不過是分到十二分之一，而不是二分之一。林敏弘用了「稀釋大法」。稀釋大法是什麼？答案在本書第一篇第11個個案。

有個婦人，先生過世了，久不聯絡的小叔出現，要和她平分遺產，婦人心有不甘，她並不想和小叔共治公司。先生只有初中畢業，供弟弟念了大學，但這高學歷小叔一直看不起她先生。

有辦法沒有？有，林敏弘找到解決辦法。小叔沒有拿到一毛錢遺產。上述兩個案子都是屬於遺產繼承順位的問題。

輕鬆學法，保障權益

聽完林敏弘講述故事，每每覺得認識個會計師真的很重要，我們希望《經濟日報》的讀者也有這個福份，於是當面向林敏弘提出請求，希望他開個專欄，和讀者們分享他的故事，輕鬆地學習到稅法、民法、土地法等相關常識，知道保護自己應有的權益。

這是個不情之請，這個口不好開，這等於是要求林會計師公開他的密技。林會計師倒是不藏私，他擔心的是自己的故事不夠多、寫作太慢，林會計師擔心的事好辦，《經濟日報》不缺寫作的人，也不缺寫得快的人。就這樣由林敏弘口述、記者徐谷楨記錄整理，林敏弘在《經濟日報》稅務法務版所開的專欄一周或隔周一次，已經一年多了，從未因為缺故事而中斷過。

讀者回應也很多，有南部讀者一直催促出書，免得他一直讀剪報；也不斷有讀者投書，向林敏弘挑戰法律問題，當然也都得到回覆。林敏弘自己更感受到讀者的熱情，他有次提到：「有銀行理專把我當作不收費的法律諮詢，他們說自己是我的讀者，我也不好意思拒絕。」說得我也不好意思。

真的要感謝林會計師，願意把他的密技公開，嘉惠《經濟日報》讀者。這次，聯經出版公司將專欄結集出書，不僅分類編排，方便讀者查閱，並且每一篇故事都附上相關法條索引，方便有興趣的讀者進一步深入研究。

（作者為《經濟日報》總編輯）

從日常生活中了解稅務與法律

林敏弘

前（2006）年底應邀在《經濟日報》上發表專欄時提及：「日常生活中，發生在我們周遭的生活稅務和法務問題不斷，買房子、買保險、婚姻等，無不涉及稅、法，但是，稅、法艱澀難懂，一般人恐怕難以了解……教讀者從日常生活中，一窺法條的妙用。」

事實上，筆者為會計師，並非律師，係基於興趣，初中起就開始自修法律。其後有機會幫忙親友解決糾紛，執業後也用以協助客戶處理事業或生活上各種問題。惟有時不免感慨，社會上形形色色糾紛，實多來自大眾對法律之不了解。今有幸透過《經濟日報》與本書之出版，以敘述故事之方式與各位讀者分享筆者之經驗，甚感榮幸。

從本書案例中會發現，筆者出面處理糾紛時，常勸當事人互讓一步，尋求和解。此乃因先父曾對筆者提過，其他方法不能解決問題時，才要去考慮官司。因為打官司常曠日廢時，也得付出額外金錢成本。雙方若能和解，雖無一方全贏，但常能創造雙贏，此成為筆者後來協助他人解決糾紛之

最高指導原則。

筆者在文章中除談及稅法問題之外，也談及與其他法律有關之問題，並於各文章後簡要加註相關法條，此部分係由筆者小女律師、會計師林佳穎協助完成，涉及研究外國法律內容部分，亦係由諳日文、英文之小女林佳穎協助研究並翻譯，期使文章內容更加充實。

另外，在此亦要感謝《經濟日報》記者徐谷楨小姐。筆者平日因身兼公會事務，行程常不固定，徐小姐一年多來配合筆者時間定期採訪，時時以「很多讀者要看」做為鼓勵，才能持續累積多篇文章，結集成生平第一本書。

謹望本書之出版，能對廣大讀者之生活有所幫助。然文章刊載一年餘來，法令不斷隨時在修正，雖筆者已於出書前就法令之更新，修正相關文章內容，惟付梓後法令仍多所修正，尚請各位讀者於閱讀時注意法令之增修。此外，部分文章內容為忠實傳達當時之爭議，仍以舊法作敘述，亦祈讀者留意。最後，由於筆者學殖未深，書中內容之錯誤或闕漏之處必多，不備之處，尚祈賢達不吝賜正。

目次　CONTENTS

目次

第二部　**房地產稅務與法律**

CONTENTS

第三部 **生活稅務與法律**

目次

贈與、繼承之稅務與法律　第一部

1 | 贈與立字據，
未給付且未公證可撤銷

甲先生繼承大片土地，因土地重劃，託我幫忙牽線後賣了數億元的好價格。2000年5月4日，他從中南部上來台北慶祝生日，晚上找朋友去喝酒唱歌，也邀請我去。那天晚上，花錢的是老爺，甲先生把支票拿出來大方炫耀，現場作陪的小姐看得開開心心。但我忍不住提醒他：「你這樣可能會被綁票，更何況你的父親那麼節儉！」他覺得我的話很掃興，我也不再多說。

時間接近午夜12時，我打算回家休息，但現場服務人員拉住我說12時有抽獎活動，要我也留下來參加。結果我中獎了，獎品是一瓶是非酒（XO）。我離開之前，拿酒去請他們喝，希望他們把甲先生顧好，喝完那瓶酒就散場。在座的小姐說我中獎很幸運，拿相機先跟我合照，那瓶酒也入鏡。

半年後，甲先生的太太打電話給我，問我那天到底發

生什麼事，怎麼有人說要告他先生，要他給付200萬元？原來，一個小姐和甲先生打賭，說如果她敢喝下一大杯XO，就甘願送她200萬元，而且還有立字據，寫一些「惟恐空口無憑，特立此據」，對方還加了法律用語「甲方願意贈與，乙方願意允受」等等，可能是有高人指點。

不過，甲先生跟我說，他酒醒之後，已經向那位小姐解釋，因為喝酒起鬨，「剛剛說的不算數！」也就是甲先生想要「撤銷贈與」，但按民法舊法，寫有字據的贈與行為，不能撤銷；如果上法院，甲先生可能會被判付200萬元（先不考慮有沒有違反公序良俗的問題）。

還好，我記得這條法律好像修改過了。果不其然，民法債編的修正，在2000年5月5日開始施行。這跟不少男性因眾人起鬨立下贈與字據而發生問題的情形有所巧合，修法後，即使立字據（非經公證或道德義務上的贈與），在還沒給付前，也可以撤銷。時間就是這麼巧。我拿著一張我中獎得酒、與小姐合影的照片，告訴他們說照片上的日期可以證明甲先生與小姐打賭的行為，確實是在2000年5月4日午夜12時以後，也就是5月5日，喝了我的「獎品」後才發生的事。

事實上，小姐寄給我那張照片，本來是希望我為她作證，確實有喝XO一事，沒想到事與願違，結果大逆轉。

也有一家公司負責人乙先生在退休之後，公司股價拉到50幾元。剛好，他的二兒子要結婚，他想送房子當新婚賀禮，又算算自己的錢足夠幫三名子女都買間房子，就寫了一

張字據，說另外兩個子女結婚時，也會各送一幢房子。

乙先生買了一幢價值千萬的豪宅給二兒子，其中500萬元是銀行貸款。沒想到，公司股價後來一路溜滑梯，還變成水餃股，他的經濟狀況一落千丈。他的二兒子還想告他要履行贈與契約，必須負責還完銀行貸款。甲先生不否認贈與行為，但現況已不如前。

甲先生怪我，怎麼當時不阻止他寫字據呢？我說：怎麼知道公司會變成水餃股呢？而且我並不了解他其他的財產狀況。幸好，依修法後民法規定，贈與人約定贈與後，如果其經濟狀況變更，以致該贈與會讓他的生活困難，得拒絕贈與的履行。甲先生才鬆了一口氣。

雖然民法已經修改，不過，贈與給子女或別人的事情，不能隨便說說，還是要先確定自己的給付能力，否則事後還要撤銷贈與，徒增麻煩。

稅與法簡單講

1. 民法第406條（贈與之意義及成立）。
2. 民法第408條（贈與之任意撤銷及其例外）。
3. 民法第418條（贈與人之窮困抗辯——贈與履行之拒絕）。

2 | 買豪宅送子女，節稅大不同

近年，購買豪宅風氣興盛，愈來愈多有錢人喜歡買豪宅送子女，順便節稅。但奧妙在於，同樣是送豪宅，送的方式不同，節稅的效果也會不同。

假設A先生有5億元的銀行存款，在他百年後，這5億元勢必要被課遺產稅，依現今最高稅率50%計算，可能有高達2.3億元的遺產稅會落入國家手裡。

A先生聽說，用購買5億元豪宅的方式移轉財產給子女，就可以節稅，朋友建議了幾種方式，有優有缺。

第一種方式是了解稅務的人普遍常用的方法，即A先生用這5億元買下建設公司推出的豪宅，然後再把豪宅登記在子女名下。假設這個房屋的使用執照此時已經申請下來、但還沒有任何華麗的裝潢。由於計算贈與不動產時的課稅價值是以「房屋評定現值」加上「土地公告現值」計算，兩者相

加也可能只有1.5億元，那麼只要用這1.5億元做為贈與總額課稅。

　　第二種方式感覺上比較「傻氣」，即A先生先把5億元給子女，讓子女用這5億元去買豪宅。這時候，5億元全數都要被課贈與稅，其實沒有什麼節稅效果。

　　第三種方式顯然又比第一種方式「聰明」許多，即A先生用自己的名義買豪宅，並且大幅裝潢房子後，才過戶給小孩，由於贈與不動產的價值還是以「房屋評定現值」加上「土地公告現值」計算，所以最後還是以1.5億元課稅。老爸出的裝潢費，等於跟著房子送給子女了，但不必納入課稅範圍。

　　第四種方式節稅空間最大，即A先生貸款2億元，來買價值5億元的豪宅。由於課徵贈與稅時的不動產價值仍然用1.5億元計算，此外還必須扣掉2億元的貸款負債，等於負5,000萬，所以贈送這間價值5億元的豪宅給子女時，根本沒有贈與稅的問題，如果A先生的子女立刻成功處分這間豪宅，還「淨賺」3億元。

　　舉個實際的例子，曾經有個中小企業主花6,000萬元，買下四間預售屋要給四名子女。但事後聽說，如果沒有申報，補稅之外還要罰款，建議他先去補報「自首」。他照做了，拿著四間房子的所有權狀等資料，去申報6,000萬元現金贈與，但是國稅局的小姐給他一個欲言又止的微笑，他感到不解。

　　事實上，國稅局的小姐應該是笑他「傻」，因為他太老實了。依他買房子的資金流程，每期都繳錢給建商，等房屋蓋好後之後，才把房子登記給小孩，其實可以用房屋評定現值加土地公告現值計算，不必用6,000萬元去課稅。此外，國稅局就算要查他，在贈與不動產的情形下，核定過程中「以贈與論」還有10天補報的時間。不過，既然他「自己送上門」，也只好在國稅局查核期間，舉證他送的是房子（不動產）而非現金，來減少贈與稅，也可免受罰。

稅與法簡單講

1. 遺產及贈與稅法第4條（名詞定義──贈與）。
2. 遺產及贈與稅法第5條（視同贈與）。
3. 遺產及贈與稅法第10條（遺產與贈與財產的估價原則）。
4. 遺產及贈與稅法第21條（贈與扣除額）。

3 | 受贈人繳贈與稅，較公平合理

有朋友跟我說，他的老爸生前在外有女朋友，兩個人也有私生子。老爸過世後，老媽去找那女朋友談，表示自己的先生已經給她很多了，希望她和小孩不要再分什麼遺產。沒想到，老爸的女朋友擺高姿態，對老媽揚言老爸生前送給她很多值錢的東西，但沒有申報贈與稅，如果她去密報國稅局，「要繳稅的人是妳！」

類似的狀況是，A先生用女朋友的名義買房子，5年後，A先生想和女友分開，女友竟然嗆聲要檢舉A先生逃漏贈與稅，要脅他不能分手。

也有一對兄弟，他們都是企業集團的大股東，但哥哥要求弟弟把各家公司的持股低價轉讓給他，弟弟就像孔融讓梨一樣，「一家又一家」地把股票賤賣給哥哥。但到最後，弟弟覺得自己的籌碼愈來愈少，地位愈來愈低，不想再退讓

了。沒想到哥哥被激怒,竟威脅弟弟是以「顯著不相當」的代價讓股給他,算是贈與,他可以向國稅局檢舉,如果到時候弟弟被要求補稅又被處以罰鍰,哥哥還有獎金可以拿。

看到這些實例,或許我們可以檢討一下:為什麼所得稅是由所得人繳,贈與稅卻是由贈與的人繳呢?法律雖然規定贈與人的財產如果不夠支付贈與稅時,改由受贈人去繳,但為何不修法直接改成由受贈人繳稅?讓拿到財產(錢)的人去繳稅,不是比較公平嗎?

參考外國的做法,可以發現,日本和韓國的法律就是如此,都規定受贈人在1年(曆年制)以內「受贈」超過一個基本贈與額的財產,就要由那個受贈人負責繳贈與稅,英國也允許受贈人自行選擇成為贈與稅的納稅義務人。我認為,這些都是我們未來修法的一個參考方向。

雖然稅法也規定,如果贈與人沒有財產可供執行,國稅局可以找受贈人來繳贈與稅,可是實務上常會因此發生弊端,導致實質上課不到稅,像是有很多贈與人收到稅單,都覺得「不應該繳那麼多稅啊?」而認為課稅似是而非,都會提起行政救濟,結果官司快打輸時,受贈人很擔心會輪到自己繳稅,就先脫產了。脫產雖然可以依法追回,但畢竟耗時費日,所以,可能就變成國稅局弄了老半天,官司打好久,才找上受贈人繳稅,豈不嫌慢也達不到目的?

更值得注意的是,依據現行法律規定,受贈人非但不用負責繳稅,如果贈與人沒有申報,他還可以反過頭來檢舉贈

與人，還可以在贈與人被罰鍰時拿獎金，恩將仇報（除非贈與人已經沒有財產，依法必須由受贈人繳）。很多人用這種手段要脅贈與人，讓人苦不堪言。上面提到的真實故事，最後都有這個後遺症。

　　因此，我建議將來可以考慮修法，把贈與稅改由受贈人繳納，兼顧公平合理性。

 稅與法簡單講

　　1. 遺產及贈與稅法第3條（贈與稅之客體）。
　　2. 遺產及贈與稅法第4條（贈與定義）。
　　3. 遺產及贈與稅法第5條（視同贈與）。
　　4. 遺產及贈與稅法第7條（納稅義務人——贈與稅）。
　　5. 遺產及贈與稅法第15條（視同財產）。

4 │ 拋棄、限定繼承，
　　何時知悉是關鍵

有一個老先生，生前有一些債務糾紛，但兒女都只是聽說，並不了解債務金額是大是小，這個案例發生在2005年前。他的兒女都算有點財產，在老先生突然過世後，因為不知道「所繼承的財產」是否足夠清償「所繼承的債務」，有的子女就考慮乾脆拋棄繼承，但是長子又覺得也有可能父親的債務並不多，如果拋棄繼承，將來發現有多出的財產，豈不可惜？況且，還有祖產啊。不過，長子也希望如果真的有留下財產，可以直接給下一代。所以，他們來請教我，我教了他們一個保險的方式。

　　老先生的下一代有四名兒女，他們全部拋棄繼承；第三代有十個孫子，其中九個也辦理拋棄，留下長子的兒子辦理「限定繼承」；這樣一來，就「穩賺不賠」。他們聽我說了這個方法，就自己去辦理相關手續。

　　根據當時的法律規定（拋棄繼承與限定繼承之新法已於2008年1月4日生效，簡要內容說明如後），第一順序繼承人的拋棄繼承要在「知悉」繼承起2個月內辦理；限定繼承則是在「開始繼承時起」（不管你是不是知道依法可以繼承，一律從被繼承人死亡開始計算）3個月內。不過，當孫子的要限定繼承，則必須從「知悉繼承時起」計算2個月，而非3個月。關鍵就在這裡，他們以為是3個月。

　　這僅相差1個月的事情，後來還向法院抗告。原來，第二代在5月5日辦理拋棄繼承，但他們直到6月3日（第29天）才收到法院的核准公文，所以8月4日辦理第十個孫子的限定繼承時，心想還比期限早。一開始，法院駁回這件限定繼承的聲請，是認為必須在7月5日之前（2個月內）辦理的緣故。抗告之後，高等法院認為，所謂知悉是指法院准許拋棄繼承時（也就是6月3日），才起算（依後來台灣高等法院暨所屬法院2005年法律座談會之結論，也是認為後順位繼承人在前順位繼承人拋棄聲明到達法院以前，就知悉前順位繼承人拋棄繼承，應以前順位繼承人之拋棄繼承聲明到達法院時才起算）。

　　問題是，他們8月4日才送件，仍然比原定期限8月3日慢了一天。所以，當第十個孫子要辦理限定繼承時，法院又再一次駁回聲請。事情就是這麼巧。因為那第十個孫子並未成年，依法他的權利義務必須由他的父母（法定代理人）共同行使，而且必須雙方都同意如何行使才行。就在辦理限定

繼承的前2天，也就是收到法院准予備查拋棄繼承的公文之前，這名孫子的父母大吵一架，太太氣得跑回娘家。所以，那天辦限定繼承時，法定代理人的欄位只有父親的名字，漏寫母親。

這個當媽媽的跳出來表示她回娘家一週，知悉的日期比另一個法定代理人、也就是爸爸慢。剛好，因為她的兒子未成年，所以，不但爸爸、媽媽都要知悉，他們也必須共同行使限定繼承的意思表示。抗告以後，高等法院裁定，請地方法院再查清楚太太知悉的日期為何？庭上，這個媽媽拿出南北來回機票為證，還找來南部老家的親友、鄰居，證明當時她真的跑回南部老家，人不在台北，最後獲得有利的結果。我笑說，夫妻偶爾吵架也不是壞事啊！

這個案子的最後結果是，老先生的財產其實比債務多，所以，他的兒孫果然「穩賺不賠」。

新法上路

2008年1月4日起生效之拋棄繼承與限定繼承規定，與本文相關內容之簡介

關於各順序繼承人多久之內要拋棄繼承或限定繼承的問題，新法統一改為，在繼承人「知悉其得繼承」之時起「3個月」內向法院表示就可以，這樣大家就很容易記得，不會再搞錯了。還有，關於繼承的責任，新法明確規定繼承人為

無行為能力人或限制行為能力人對於被繼承人之債務，只在所得遺產的範圍內，負清償責任；另外繼承人對於繼承開始後，才發生代負履行責任之保證契約債務，也以繼承所得之遺產為限，負清償責任。

 稅與法簡單講

1. 民法第1089條（裁判未成年子女權益之行使及變更）。
2. 民法第1138條（法定繼承人及其順序）。
3. 民法第1139條（第一順序繼承人之決定）。
4. 民法第1148條（概括繼承之原則與例外）。
5. 民法第1153條（繼承人對被繼承人債務負連帶責任之原則與例外）。
6. 民法第1156條（限定繼承之時期）。
7. 民法第1174條（拋棄繼承之時期）。
8. 2005年11月25日台灣高等法院暨所屬法院2005年法律座談會民事類提案第8號。

5 │ 不必為胎兒 辦理拋棄繼承

常聽說，有人因為沒有辦理拋棄繼承，天外飛來一筆債務。離譜的是，就連年幼無知的小孩都會有這種遭遇，因為他隔代繼承了阿公的債務。這些人覺得世界對他們很不公平，也因此產生許多社會問題。

2006年8、9月間，新聞大幅報導，全國出現年紀最小的債務人，他是嘉義市一個3個月大的男娃。我特別剪報研究。

男娃的母親在懷胎8月時，她的父親（男娃的阿公）去世。她去辦理拋棄繼承時，曾經請教法官，是否也要幫肚子裡的小孩辦理拋棄繼承？當時法官給她的答案是：沒有定論，但要等小孩出生後才能辦理。

男娃出生時，已經是阿公過世3個月後，男娃的母親幫他算命取名、辦理出生登記，等資料齊全後，再到法院辦

理拋棄繼承，但時間距離阿公去世已有半年。那時的法官認為，這已經超過辦理拋棄繼承的時限，駁回她的聲請。

這個新聞引起社會廣大注意。有人說法官不對，有人指制度不對，法界更掀起一片討論聲浪。就我辦理遺產繼承案件的經驗，我認為解決這件事要注意兩個關鍵：

首先，辦理拋棄繼承必須在知情的2個月內完成（拋棄繼承之新法已於2008年1月4日生效，簡要內容說明如後）。不過，就何時才算知情來講，實務見解不一，如果依照台灣高等法院暨所屬法院2005年法律座談會之結論，基於拋棄繼承於拋棄聲明到達法院時才生效力，所以因前順序繼承人拋棄而應該繼承之人，即使在前順序之人拋棄聲明到達法院前就已經知悉，拋棄繼承的期限亦應從拋棄繼承聲明到達法院時起算。

所以，法官駁回男娃母親的聲請，有理或無理，就要先了解法官如何計算「2個月」的起算日，再看是否真的超過2個月的時限。

其次，從法理上來看，民法規定，對於將來非死產的胎兒，為保護胎兒的利益，視為已經出生。所以，如果有遺產是財產大於負債的時候，胎兒可以繼承財產。

再對照民法其他規定，胎兒是繼承人時，如果沒保留胎兒的應繼分，其他繼承人不可以分割遺產；以及土地登記規則規定，胎兒是繼承人時，應由母親用胎兒名義申請登記等規定，都可以知道胎兒在實務上是可以繼承遺產的。

只是,反過來說,如果是遺留的債務大於財產時,那該如何呢?這個問題在實務上看法分歧。民法只有說胎兒「利益」的保護,才「視為」胎兒已經出生,所以嚴格說來,胎兒只繼承利益等「權利」,不必繼承非利益的「義務」、「債務」。

我的看法是,只要胎兒繼承的是債務這種「不利益」情形,即使沒有辦理拋棄繼承,依法也可以不繼承債務,就沒有拋棄繼承時效問題。在這個例子中,不管男娃的母親有沒有在法定時間內幫孩子成功辦理拋棄繼承,都沒有關係。簡單地說,如果繼承人是胎兒,根本不用辦理拋棄繼承。

新法上路

2008年1月4日起生效之拋棄繼承規定,與本文相關內容之簡介

關於各順序繼承人多久之內要拋棄繼承的問題,新法延長於繼承人「知悉其得繼承」之時起「3個月」內向法院表示拋棄繼承就可以。另外,關於繼承的責任,新法明確規定繼承人為無行為能力人或限制行為能力人對於被繼承人之債務,只在所得遺產的範圍內,負清償責任,上面故事中的問題,因此獲得解決。

稅與法簡單講

1. 民法第6條（自然人權利能力）。

2. 民法第7條（胎兒之權利能力）。

3. 民法第1138條（法定繼承人及其順序）。

4. 民法第1139條（第一順序繼承人之決定）。

5. 民法第1148條（概括繼承之原則與例外）。

6. 民法第1153條（繼承人對被繼承人債務負連帶責任之原則與例外）。

7. 民法第1166條（胎兒應繼分之保留）。

8. 民法第1174條（拋棄繼承之時期）。

9. 土地登記規則第121條（胎兒為繼承人時之登記）。

10. 2005年11月25日台灣高等法院暨所屬法院2005年法律座談會民事類提案第8號。

6 | 隱匿遺產，
限定繼承可撤銷

有一天，某政府官員找我，他很著急，我擔心自己是不是惹了什麼麻煩。到了現場，除了官員，還有一名婦女和她的父親，是官員的鄉親，他們說了一段故事：

婦女和先生坐計程車去旅遊，卻被卡車撞上，卡車司機緊張之下又撞上山崖，掉下山谷；全部的人都被送到醫院，先生和卡車司機死亡，她和計程車司機受重傷。

卡車司機的父親（也是法定繼承人）想以20萬和解，對方的律師也已幫他辦理限定繼承，清查卡車司機的戶頭只剩20萬。官員想幫忙受害的鄉親爭取更好的和解條件，寄望我解決，但我惶恐：我是會計師，怎麼懂這個？官員不斷拜託，我只好答應會想辦法。

我向他們表明自己並非律師，只在幕後協助。我想先了解婦人的先生和卡車司機的死亡時間先後。經過多方了解，

從警察局筆錄內容，查明卡車司機比婦人的先生慢了兩分鐘死亡。

我向他們說明，因為構成侵權責任的卡車司機已經過世，所以應該要向他的父親（法定繼承人）請求損害賠償。我另外建議他們向國稅局調閱卡車司機的財產和所得資料。經由當事人閱卷，我們發現，卡車司機的財產雖然真的只剩下戶頭的20萬，但在其死亡年度曾有二筆利息所得，各是1萬多元和38萬元。就此推測，38萬元的利息應該來自約500萬元的存款（當時利率較高），1萬多元的利息則可能就是卡車司機父親所指的那筆20萬元存款。

之後，我們陸續查出這兩個銀行帳戶的存款異動情形，發現那筆20萬元沒人動過，但另一筆500多萬元則被領走，時間剛好在卡車司機死亡當天。再向法官請求查明領出存款時間點的結果，發現果然是發生在卡車司機死亡之後。

這表示，有人涉嫌在取款條上偽造簽名，擅自領走卡車司機的存款，也發現這筆500多萬的存款確實被「隱匿」了。這時候，我告訴當事人應該要依法撤銷卡車司機父親的「限定繼承」。

卡車司機的父親是地方知名人士，對方的律師打電話來，要求我「放過一馬」，事實上，我只幫當事人訴諸民事官司，沒有告發刑事訴訟，已經算是放水了。我向對方暗示：第一，卡車司機在撞到人的剎那，產生侵權行為，他的父親必須繼承這侵權行為（債務）。第二，刑法上，偽造文

書是公訴罪。第三，民法規定，隱匿財產者，喪失限定繼承的利益。

後來，當事人撤銷對方的「限定繼承」，表示對方必須「無限繼承」兒子的財產、債務，負無限賠償責任，這麼一來，對方將來也只能按照法官判賠的數目去賠償了，不能主張只賠20萬元了事。因此，我請對方再拿出繼承的500多萬元的存款來賠償，對方也感謝我們並未「趕盡殺絕」，爽快答應我的當事人得到應有的補償。

這就是一個靈活運用稅務和法律，想出解決辦法的例子。

稅與法簡單講

1. 民法第184條（獨立侵權行為之責任）。
2. 民法第1148條（概括繼承之原則與例外）。
3. 民法第1163條（限定繼承利益之喪失）。
4. 中華民國刑法第210條（偽造變造私文書罪）。

7 | 推定為婚生子女，保住遺產

民法規定的受胎期間是從子女出生回溯的第181天到第302天，比起醫學上的受胎期280天，多了22天。

過去，有個婦人從南部上來找我，說她常飛國外，在飛機上看報紙時，常看到我發表的文章。她告訴我，結婚十多年都不孕，先生在前幾天去世，因為兩人沒有小孩，公婆也都不在了，據她對法律的了解，她必須和小叔各分一半的遺產。但這個當頭，她發現，她可能懷孕了。

根據民法的規定，先生的遺產繼承人除了太太之外，第一順位是直系血親卑親屬（例如小孩），其他繼承順序依序是父母、兄弟姐妹和祖父母；如果遺產是太太和小孩共同繼承時，由大家均分；如果是太太和公婆，或者太太和小叔與小姑等共同繼承時，太太可分得二分之一。

婦人覺得心有不甘，因為公婆早逝，先生只讀到初中，

但是一路努力賺錢，開了工廠，拿錢栽培小叔直到大學畢業，結果這個作弟弟的居然看不起只有初中學歷的哥哥，而且已經很久沒聯絡了，現在知道哥哥過世，居然還要分他的遺產。

她找律師討論，律師告訴她，法律的規定就是這樣，沒有辦法解決。我聽了她的狀況，告訴她，要解決，得靠民法中的某3個法條，至於能不能適用在她身上，就要看上天的安排了。

是哪3條呢？民法第7條，對於將來非死產胎兒利益的保護，視為已出生；民法第1062條和第1063條，從小孩出生回溯181天到302天算是受胎期，受胎時間落在婚姻關係存在期間，推定所生子女是婚生子女。

3個月後，她打電話來，說問題已經解決，想來拜訪我。她帶了水果和紅包來，我問她事情如何解決，她說是我跟她強調了3遍「推定為婚生子女」這句話，所以她去醫院檢查，發現自己已經懷孕。後來，這名「推定為婚生子女」的小孩也順利生下。

她說，一方面她心裡坦蕩蕩，另一方面依民法的規定，要否認婚生子女的推定，除非是她先生在知道小孩出生日起算的1年內提出告訴，才能夠推翻，但她的小叔，並不符合提起「否認之訴」的要件。

有了第二代，婦人和小孩可以平分先生留下的遺產，而不用讓第三順位的小叔來分。

　　各國法定受胎期不同，如果這樣的案例發生在不同國家，就有不同的結果，像日本民法規定，婚姻解消日起300天之內所生的子女，推定為婚生子女，比台灣少兩天，如果當初子女是在先生過世的第301天出生，事情又發生在日本，就沒辦法推定為婚生子女。

 稅與法簡單講

　1. 民法第7條（胎兒之權利能力）。
　2. 民法第1062條（受胎期間）。
　3. 民法第1063條（婚生子女之推定及否認）。
　4. 民法第1138條（法定繼承人及其順序）。
　5. 民法第1141條（同順序繼承人之應繼分）。
　6. 民法第1144條（配偶之應繼分）。

8 | 婆媳分產過招，
運用智慧解決

甲太太的另一半甲先生去世後，兒子和女友在百日內完婚。新婚後，兒子開車載媳婦連同岳父、岳母共四人，一起到台中港附近兜風賞景，沒想到與砂石車擦撞，兒子傷重送醫，昏迷不醒。可是，還來不及辦結婚登記，兒子就不幸去世，內疚的媳婦從此就回娘家住（2008年5月23日以後，結婚須辦登記才生效）。

甲太太很期待媳婦的肚子也許會蹦出個可愛的孫子或孫女，但是10個月過去了，一點消息也沒有，所以甲太太也很開明，告訴媳婦若有機會就改嫁吧。

經過許久悲傷的時日，1年多後甲太太才趕緊去補辦甲先生的遺產稅，經國稅局查核，甲先生名下有很多財產，這些遺產要由甲太太和她的女兒、兒子三人來分；但兒子已過世，兒子從甲先生那兒分到的遺產，又變成他本身的遺產，

要由甲太太和媳婦來繼承,變成媳婦可以「間接」分到公公的遺產。

甲太太原本心想,甲先生的遺產應該只由她和女兒兩人繼承,沒料到會這麼複雜,連一個娶進門才住過家裡3天的媳婦,竟然也可以分到甲先生的財產,豈有此理?另一方面,媳婦知道有遺產的事之後,念在婆媳情分,其實並不想計較,但她改嫁的先生一直要她依法爭取、不能放棄,兩人產生爭執。(前)婆、媳過招,似乎難免。

甲太太跟我談起這件事,言詞之間頗為無奈。我才知道,甲太太居然誤以為媳婦和兒子的結婚沒有辦登記,雙方身分證上也是空白的,所以結婚無效,兒子的遺產可以不用分給媳婦(2008年5月23日以後發生的話,結婚就真的無效);這就大錯特錯了,因為依他們結婚時的民法,結婚並不以登記為要件,他們的婚姻本來就有效。

事實上,甲太太的先生和兒子先後相隔3個月去世,兒子已經先取得父親的繼承權,在兒子去世後,「合法」的媳婦(妻)自然可以繼承兒子(夫)的遺產(包括兒子自己原本有的,以及從父親甲先生那兒繼承來的遺產)。這種情形,學說上叫做「再轉繼承」。所以,固然甲太太會覺得有些不平衡,而法律上的規定就是這樣,甲太太也不能抗拒。

假設這個媳婦的肚子有消息,幫甲太太生了個孫子,也還沒有改嫁,兒子的遺產要由媳婦和孫子繼承;以甲太太的邏輯來看,自然就比較順理成章,心理上也舒服一些吧。另

外，在有第三代的情況下，假設是兒子比甲先生更早過世，這樣兒子原本要繼承甲先生遺產的部分，就只能由孫子代替兒子去「代位繼承」，這時候，媳婦並不會分到公公的遺產。

其實，以前有很多類似的例子，往往是第一代過世後，遺產稅都還沒辦好，遺產也還沒有分割，第二代又過世了，也因此產生不少紛爭。這些紛爭，只能留待個案各自運用智慧去解決。

 稅與法簡單講

1. 民法第982條（結婚之形式要件）。
2. 民法第1138條（法定繼承人及其順序）。
3. 民法第1140條（代位繼承）。
4. 民法第1141條（同順序繼承人之應繼分）。

9 │離婚未登記，
配偶遺產可繼承

民法規定，結婚必須經過公開儀式和兩人以上證人證明才有效；但去辦理戶籍登記，只有「推定」已經結婚的效力，當事人還可以舉證推翻它的效力（2008年5月23日以後須經登記始生效力）。離婚就不一樣，除了要有書面外，還得向戶政機關登記，才會有效。

這在實務上造成奇怪的現象，沒辦結婚登記的人，為了要離婚，得先去把結婚登記辦完，才能辦離婚；有人乾脆「便宜行事」，想說沒辦結婚登記就算了，離婚就沒有去辦，反正也沒有人知道。

但夫妻萬一沒有有效離婚完成，又有一方過世了，繼承遺產的問題就會變得很麻煩。這也是為什麼我一直主張，結婚也應該跟離婚一樣，改成以登記為有效要件的原因。

舉個例子，多年前還適用夫妻聯合財產制，一位大學教

授來找我，傷心地說，他女兒前1天剛過世。

10年前，他女兒結婚，隔天就到國外度蜜月，小夫妻倆在異地鬧翻，決定離婚。女兒悶悶不樂，他因而把許多財產都登記到她名下。

女兒和那無緣的女婿並未辦結婚登記，事後也沒有去做離婚登記。教授很慌，無緣的女婿居然可以和他共同合法繼承這些財產。他問我實務上有什麼解套辦法？

教授把財產轉移給女兒時，沒有辦財產贈與手續；而且，他女婿是學法律的。

我建議他看能不能找到什麼蛛絲馬跡，巧了，居然在女兒大衣口袋發現一張離婚協議書，協議書上面記載的時間是1個月前。我心想，怎麼早不寫、晚不寫，這時候寫離婚協議書？也許是男方要結婚了！

我請教授去調查，結果查出那無緣的女婿已是上市公司總經理，身價4億元，跟公司秘書訂婚不久，準備結婚了。

我拿到教授的辦理遺產事宜委託書後，去找那位總經理，自我介紹說是教授的學生，恭禧他訂婚，閒聊中發現他並不知前妻已過世。我提醒他：先前離婚程序未合法完成，前妻是可以出來主張他重婚的。

那總經理要求我轉告無緣的岳父教授和前妻，大家「好聚好散」，但口說無憑，我請他把四字寫在紙上，好回去交代。我又稱讚他年輕多金，看他高興，再拉回正題，告訴他前妻已過世。

他懂民法，知道配偶可分得遺產差額的一半，但我跟他說，他財產已經那麼多，兩人實際上也不在一起，何必還要遺產，但他生氣地說依法本來就可以繼承，我順勢要求他再把「依法繼承」寫在紙上。剛好湊齊8個大字。

換我出招了。因為依民法規定，婚後可以行使夫妻剩餘財產差額請求權，拿到夫妻財產差額的一半。很多人都沒有注意到這一條。總經理身價4億元、教授女兒財產2,000萬元，依當時的法律，教授可代替女兒分得1.9億元，聽到這裡，總經理超緊張，直呼：「換成我倒賠，不行啦！」

我拿著那張寫著8個大字的紙，告訴他，岳父教授也不想為難他，就讓我幫他辦拋棄繼承，希望他3天內備齊文件。結果他當天傍晚就跑來了，還帶了一盒水果來謝我。

教授事後知道我處理的方式，認為自己「痛失」近2億元的財產差額請求權，但同意這麼處理比較有誠信。

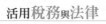 稅與法簡單講

1. 民法第982條（結婚之形式要件）。

2. 民法第985條（結婚之實質要件（五）──須非重婚）。

3. 民法第988條（結婚之無效）。

4. 民法第1030條之1（剩餘財產差額分配請求權）。

5. 民法第1049 條（兩願離婚）。

6. 民法第1050條（離婚之要式性）。

7. 民法第1174條（拋棄繼承之方式）。

8. 民法第1175條（繼承拋棄之效力）。

10 | 分遺產，
合法配偶們只算一份

幾年前，有個財團大亨過世，他的大公子來找我，說他父親在外面有兩房，各生了兩個孩子，加上家中有母親和其他兩個弟妹，遺產總共要分成八份，他只能拿到八分之一。另外，因為有其他同父異母的弟妹，母親要依法行使夫妻剩餘財產差額請求權，但二奶和三奶的小孩不同意，還鬧上法院。

我問大公子，他的父親有二房、三房的事情已經持續多久？有無公開？從他口中得知，這是1985年6月4日以前的事，依當時的法律，結婚只要有公開儀式，重婚仍屬有效。

不過，依民法舊法，元配是利害關係人，擁有撤銷權。只是，元配當時並沒有這樣做，因此二房、三房也變成了合法的配偶。不過，在計算遺產時，不論大房、二房、三房怎麼搶著分遺產，「所有的合法配偶」只能算一份。

因此，這個例子中，遺產的確必須分成八份，但是元配原本可以分到的八分之一要再除以三，分給二房和三房。若是行使夫妻剩餘財產差額請求權，先拿到二分之一的遺產，也要除以三。

所以，我勸他們不要打官司，和解為上策；他們照做，事情圓滿解決了。

不過，重婚若發生在1985年6月5日以後，由於民法已經修改，規定不能同時與兩人以上結婚，否則原則上重婚無效，所以也談不上撤不撤銷的問題，對現代女性來說更有保障。

不過，現在還是有可能有重婚有效的例外情形。例如，很多人離婚時，證人根本不知道是誰要離婚，也沒見過他們，就隨便在離婚協議書上蓋章，雖然經過登記，但離婚是無效的，可是離婚的人往往自己也不知道這樣無效。一旦再婚，而前婚姻的另一方卻反悔，提起「確認婚姻關係存在之訴」贏了，就會變成兩個婚姻同時存在。

依照2002年大法官會議解釋的見解，如果前婚姻的一方與人重婚，必須重婚的雙方都是善意且無過失地不知一方前婚姻依然有效，兩個婚姻才都是有效的。這時候，前婚之重婚者他方或後婚之重婚相對人可以請求離婚。但如果沒有人撤銷而存在兩個有效的婚姻，繼承時仍然會出現「多個配偶」的狀況題（2007年5月25日生效的新法修正條文中已明文規範此種情形）。

再者，對於夫妻剩餘財產差額請求權，在2002年修法後，已經變成配偶的專屬權，不得讓與、也不能繼承。這樣也有缺點。舉例說，先生拋妻棄子離家出走，導致夫妻離婚，前妻才正打算請求，官司還沒打完，卻因為太鬱卒而過世了，但子女卻不能代她繼續請求（不得讓與與繼承，已在2007年5月25日生效的新法中刪除）。

另外，不少知名的財團創辦人都有兩個以上的配偶；有些細姨比較強勢，先生年老之際，也會把不少財產登記在細姨那兒，在創辦人過世後，因為差額請求權有專屬性，大房所生的兒子雖然是繼承人，也苦於不能向財產較多的細姨請求。

現在，立法院正推動把差額請求權改為非具專屬性（已一讀通過），未來法條一旦通過，若發生上面的情況，繼承人就可以反過來行使差額請求權了。

稅與法簡單講

1. 民法第985條（結婚之實質要件（五）——須非重婚）。
2. 民法第988條（結婚之無效）。
3. 民法第992條（結婚之撤銷）（現已刪除）。
4. 司法院大法官會議解釋第552號。

11 | 稀釋繼承人，
分遺產妙招

曾有個年紀和我差不多的海外華僑到台灣找我，他知道我酒量不錯，還帶了三瓶洋酒來。那是一個週末午餐時間，我和他邊喝酒邊談。

他在海外做房地產生意，生活不錯，但已多年沒有回台灣，那次回來是因為父親過世了。他發現，父親生前住在醫院的特等病房，死亡前一星期，和一名看護士結了婚。他了解法律，知道他必須與那名已經成為他繼母的陌生看護士共同繼承父親財產，一人一半。

他到戶政事務所打聽過父親的結婚登記資料，發現裡面附有二張照片；一張是父親在「門是打開的」的特等病房中舉行的「公開結婚儀式」；另一張是他父親微笑的照片，表示父親病中仍有「行為能力」。看來他父親再婚的事實為真（2008年5月22日以前結婚僅須公開儀式及兩人以上證人，

毋須登記即生效力）。

　　這個華僑帶著他的煩惱和酒來找我，想讓那名看護士少分一點財產，希望我有「撇步」教他。但法律條文硬邦邦的，律師也早已對他表示愛莫能助，還建議他來找我這個專治「疑難雜症」的會計師。

　　席間，他看我酒量好，怕喝不過我，便一直往自己的酒杯裡加冰塊。他這個動作，給我很大的靈感：酒可以稀釋，那何不把「繼承人」也稀釋掉呢？

　　我詢問之下，得知他父親只有他一個孩子，在外應該也沒有其他私生子。他本人在海外居住地有六個小孩，而台灣還有四名非婚生子女。剛好，海外的配偶懷孕了。算一算，孩子人數很多，總共十一個。

　　我先請他以登報的方式，公開父親過世的消息，再辦喪禮，確認世上已經沒有其他兄弟姊妹，不會產生後遺症之後，便使出我的「稀釋大法」——關鍵就是讓他辦理「拋棄繼承」，而且要認領四名非婚生子女。

　　他對我的「撇步」提出質疑，比如：父親已死，這時候他再去認領自己的小孩，還能繼承父親的遺產嗎？肚子中的小孩也算數嗎？

　　我解釋，依民法規定，第一，還沒有認領的非婚生子女，只要還沒死亡，就可以經由認領後繼承；第二，非婚生子女的認領效力，溯及出生時；第三，將來非死產的小孩，其利益的保護，視為已出生；第四，他這第一順位的兒子拋

棄繼承後，將由他的直系卑親屬，與父親的看護士配偶均分遺產。

　　這個方法奏效。本來，他只能分到二分之一的財產，但改由他的十一名子女和看護士共十二人均分後，他等於可以拿到十二分之十一。以當年遺產及贈與稅法的規定，這些未成年子女甚至都可計算扣除額（依照目前的規定，只能扣除他本人的扣除額）。因此，這個華僑朋友不但得到更多遺產，還節稅不少。

 稅與法簡單講

1. 民法第7條（胎兒之權利能力）。
2. 民法第982條（結婚之形式要件）。
3. 民法第1065條（認領之效力（一）及認領之擬制及非婚生子女與生母之關係）。
4. 民法第1069條（認領之效力（二）──溯及效力）。
5. 民法第1138條（法定繼承人及其順序）。
6. 民法第1141條（同順序繼承人之應繼分）。
7. 民法第1144條（配偶之應繼分）。

12 | 聰明女婿反被聰明誤

在1999年間，一個出身有錢家庭的女兒，不顧父母反對，偷偷跟男友跑去找兩個朋友見證就結婚了，然後又以「旅行」當藉口，和老公出國度蜜月。家裡的母親很思念女兒，但是手機都撥不通，一度懷疑女兒跟男友私奔去了，還因此病了一場。

大海另一端，正在度蜜月的小倆口，卻吵起架來；兩人翻臉，回國後就各自回到原本的家裡住。由於他們結婚時沒辦結婚登記（2008年5月23日以前毋須辦結婚登記），就都當做沒有結婚這回事，做家長的也就不知情。

2001年間，母親和女兒出門，發生車禍，送到醫院時已回天乏術。因為二人已經腦死，女兒的父親同意讓醫生先後拔掉太太和女兒的氧氣罩。他的太太比女兒早走一分鐘。

後來，這個父親收到一封存證信函，是「女婿」寄來

的，才發現女兒生前已經偷偷結婚。女婿在信中附上結婚證書，要求依法繼承他太太的遺產。父親又驚又氣，男方早已跟他女兒沒有往來，怎麼會知道人過世呢？原來，這個父親發訃文給女兒的好友，而這個好友已經嫁給他的「女婿」，世事真是難料。

這個父親遭受一連串打擊，希望討回公道，找我幫忙。這時候，就由我代勞，向女婿「出招」了。經我了解，他的女婿接到訃文時已再婚，依法重婚無效，也觸犯重婚罪。另外，女兒繼承「早一分鐘走」的母親而來的財產，並不計入夫妻財產差額請求範圍，所以女婿的財產算起來比女兒還多，反而身為女兒繼承人的父親，依法可以向女婿請求夫妻財產的差額。

我幫這個父親回寄一份存證信函給對方，對方是大公司的高階主管，薪水豐厚，又怕「現任老婆」知道有「前妻」的存在，接到信後非常緊張。我說他是「自投羅網」，因為他這時才知道，除了繼承，還可能有夫妻財產差額請求權的問題，反而會「破財」。最後，經我說服，讓女婿寫悔過書、放棄繼承權，丈人也看在女婿不斷求情的分上，同意不請求財產差額分配。

順帶一提，如果這個女兒是在2002年6月28日到2007年5月24日的期間過世，事情就大大不同，因為2002年6月28日生效的民法規定，剩餘財產差額分配請求權不得讓與或繼承，女兒的父親就不能繼承她的財產差額分配請求權。但是

這樣的規定對過世者的債權人或者可以請求的繼承人不利，所以2007年5月25日生效的新規定，才又恢復為夫妻財產差額請求權可以讓與或繼承。

至於重婚的問題，2008年5月23日生效的民法982條規定，未來結婚必須有書面、兩人以上證人，而且雙方要去戶政機關辦理結婚登記，才能有效。所以，套用在案例中，如果小倆口是在2008年5月23日以後結婚，但沒有登記，結婚就無效，後來也不會有所謂重婚的問題。

 稅與法簡單講

1. 民法第982條（結婚之形式要件）。
2. 民法第985條（結婚之實質要件（五）──須非重婚）。
3. 民法第988條（結婚之無效）。
4. 民法第1030條之1（夫妻財產差額分配請求權）。
5. 中華民國刑法第237條（重婚罪）。

13 七兄弟分遺產，狀況多

前不久，有位專欄的讀者來電找我，說他的父親在大年初三因意外死亡，要辦理遺產稅申報。他家裡有七個兄弟，母親已經不在了，么弟精神耗弱，大哥又做生意失敗，負債累累，父親生前並不願意幫忙大哥還債。他排行老二，必須扛起繼續經營父親公司的責任。

剛好又有一位小姐，也找上我，說她和老闆有婚外情，已懷了3個月身孕，但老闆在大年初三意外死亡了。

時間上湊巧，加上兩通電話的前幾碼又一樣，我懷疑他們說的是同一人，特意跟兩方約同一天談，假設如我所猜想的是同一件事，大家也可以一次講清楚。

當天，那個二兒子跟我談完後，看到公司的會計小姐也來了，嚇一跳，才知道整件事情。這個會計小姐就是那天打電話來找我諮詢的小姐。老闆的二兒子說，如果會計小姐真

懷有他父親的孩子，一定會負責到底。

為了避免爭議，會計小姐勢必要做DNA鑑定，但是要等7個月後孩子生出來了才能進行。遺產稅的申報期為6個月，必須去申請延後3個月，拉長為9個月。另一方面，也要預留孩子父親的毛髮，做鑑定用。

依民法胎兒以將來非死產者為限，其利益才能視為既已出生。所以事情要見真章，得視那位小姐腹中胎兒的存活率而定，如果未來是死產或流產，這個事件的後續，就完全不需要處理到這個會計小姐孩子的部分。

再回到他的大哥和么弟的問題。他已先研究過，如果由大哥辦理拋棄繼承，大哥債權人追索就不會追到父親的遺產；但是，他聽別人說，依據民法其他的規定，故意拋棄繼承權可能會妨礙債權行使，所以債權人可以聲請撤銷。他很煩惱。

後來，我找到解答，告訴他，依據最高法院在1984年的民事會議決議，繼承權的拋棄可以排除在債權人的撤銷之外。第二個問題也解決了。最後，由於么弟的精神狀況，要由兄弟向法院聲請禁治產，但技巧是，由誰當監護人呢？

一般是依照配偶、父母等法律規定的順序來決定受禁治產者的監護人，在這個案子裡，沒有配偶而父母也已經不在，此時只能依法直接聲請法院選定監護人。雖然依法規定法院須徵求親屬會議的意見。不過一來召開親屬會議不易，二來若親屬們建議由兄弟擔任，將來協議分割財產，兄弟間

有利益衝突時，會產生「雙重代理」不當的結果；再來，法律雖然規定由法院徵求親屬會議的意見來決定，但實務上，法院也不見得會採用親屬會議的意見。

由法院選定監護人有個好處，將來分割不動產時，地政事務所比較容易通過，因為若繼承的是土地，兄弟分產時有爭議，地政事務所也怕要承擔這種責任。所以，一般也建議受禁治產的人，不要分不動產，而是分現金或者變現較快的有價證券。

稅與法簡單講

1. 民法第7條（胎兒之權利能力）。
2. 民法第14條（禁治產之宣告及撤銷）。
3. 民法第15條（禁治產人之能力）。
4. 民法第244條（債權人撤銷權）。
5. 民法第1110條（監護人之設置）。
6. 民法第1111條（監護人之順序及選定）。
7. 民法第1113條（未成年人監護規定之準用）。
8. 民法第1130條（親屬會議組織）。
9. 民法第1131條（親屬會議會員之選定順序）。
10. 遺產及贈與稅法第23條（遺產稅之申報）。
11. 遺產及贈與稅法第26條（延長申報期間）。

14 | 繼承財產主張，
提出要趁早

親戚A先生18歲就結婚，和太太生了一男一女才去當兵，但當兵回來後，離婚了，太太帶著女兒改嫁。A先生斷斷續續跟幾個女人結婚，也生了其他孩子。他在52歲時去世，他的大兒子問妹妹（大女兒）是否回來奔喪，但妹妹說她跟父親之間沒有感情，而且已經出嫁了。

過了兩年，妹妹輾轉知道父親有財產可分，想回來分產，但這時候，發現哥哥根本在外否認有她這個繼承人存在，而且財產早就分好了。因為她是超過兩年才知道權益受到侵害；依民法規定，要請求回復繼承權必須在知悉的兩年以內行使權利才行。

問題是，當年戶政機關及稅捐機關怎麼會不知道有這個大女兒存在呢？如果知道她的存在，沒有大女兒的蓋章，又怎麼辦得了繼承事宜呢？股票方面的繼承手續也許較寬鬆，

但土地的繼承，地政事務所會要求繼承系統表、分割協議書的每個繼承戶的戶籍都要寫清楚。我去了解之後，才發現原來「長女」鬧烏龍。原因出在大女兒很小就離家了，所以二女兒出生後，身分就從次女變長女。

所以我告訴那個妹妹，雖然是烏龍，但也怪她自己不在第一時間回來澄清事實，否則地政事務所這一關也不會過。假設大女兒是在兩年內提出異議，確認她是長女，有繼承資格，就會成功；但這時候如果其他兄弟姊妹已經把繼承土地賣掉，就可以告他們多分了財產，請求返還不當得利。

另一個例子是，有一個B先生在1991年由父親舉債讓他出國留學，人就留在美國工作。1993年初，父親去世，他也沒有回來奔喪。B先生顧慮父親在台灣有債務，所以態度上很逃避，說如果父親有財產，就給弟弟。當時我負責幫他弟弟辦這件事，怕他空口無憑，請他把這些承諾寫成文件，授權我處理遺產分割事宜，公證之後，傳真給我和他弟弟各一份。

後來，B先生發現，原來他的阿公在南部有很多農地，面積是算「甲」的。阿公早他父親一年去世，所以他父親等於繼承了大片土地，而且依法只要農地農用，就不用繳遺產稅，只是B先生不知道這件事，還以為父親只是個窮爸爸。南部的高速公路開通之後，那些土地地目變更，價值暴漲至上億元，所以2003年底他就回來了。

B先生硬拗說他只同意分割協議，法律上並沒有拋棄繼

承，而且是在不知情的情況下寫授權書，授權書也只有寫授權處理遺產分割事宜。

　　天公疼憨人，B先生的弟弟找到一張字條，上面很清楚的寫說，B先生同意父親所有的財產都歸弟弟所有；因為即使B先生的繼承權被侵害，B先生提出異議的時效也都過了，因為在法律上他必須在知悉繼承的兩年內，或者在不知悉但從繼承的10年內主張這項權利，況且現在是他自己同意在分割遺產時，財產全部歸弟弟所有。

　　千金難買早知道，B先生的父親向別人借錢讓他出國讀書，結果他因為怕背父債，選擇留在海外，不知感恩回報，把事情都留給在台灣的弟弟處理。結果，弟弟後來的境遇反而比喝過洋墨水的B先生好。

稅與法簡單講

1. 民法第1146條 （繼承回復請求權）。

15 | 分財產保留彈性，
　　　皆大歡喜

遺產分配的故事，有歡笑有淚水。我經手過的案例，有些還滿有趣的。

南部人有個習俗，年紀大一輩的習慣把財產「多分一份」給長孫，像有個阿公有七個兒子，財產卻要分成八份，原因就是要給他的長孫一份。只是，可能會發生一些情況，比如老二比老大早結婚，有了兒子；或者老大只生了女兒，就不知道哪個孫子才算是「長孫」？

以前，就有客戶因為這樣吵到我公司裡來。現場，老大對老二說：「你怎麼知道我不會結婚？」老二回嘴：「你怎麼知道你會生男的？」後來，老大說他在外面有個女友已懷孕，孩子是他的，但老二也不肯屈服，嗆聲：「你隨便說的！」老大更不甘示弱：「我說是就是，你能替我否認嗎？」

這個做法在1973年2月8日遺產及贈與稅法施行以前，還不會「節外生枝」，但以後就有遺贈稅的問題。所以阿公過世後，如果還是要留給長孫遺產的話，那就要先算好遺產稅，七個兒子再從應得的部分，分出來贈與給長孫。

　　有些大老闆會寫一份以上的遺囑，身後常有糾紛。就曾有個成功的企業主，寫了兩份遺囑。他過世後，長子看到遺囑有兩份，非常困惑，不知哪一份才是真的。第一份遺囑的主旨是，全部的遺產都留給他，但另一份則寫，雖然全部留給你，但要對其他兄弟補償。兩份遺囑上的日期都一樣。

　　那長子拿遺囑來找我，我看了說，我猜你父親的企業是一家很大的公司，他可能怕子女間合不來，公司董監事改選時支持你的股份不夠，無法當上他一手經營的公司董事長，才這樣做；而且，就算父親說財產都要給你，其他兄弟還是可以依法主張他們應得的「特留分」。

　　我的建議是，慢一點出殯，先與其他兄弟協議分產的事，因為這時候是大家最哀傷的期間，兄弟間還好講話；將股份儘量分給自己，而現金部分就不要太計較，才能鞏固公司日後的經營權。事後，其他子女打電話來說股票漲了很多，分產不公，但我說：「你父親過世時，股價還先跌了100多點呢！」

　　1960年代，有個父親在台北某座橋下擁有一塊地，生前先以口頭說好兒子間的分管協議，另外給女兒金條「意思一下」。由於老二較乖，就分到可以種田的地；老大不喜歡種

田，就分到靠馬路的石頭地。後來馬路擴建，靠馬路的地價上漲了，老大就想賣掉換現金。問題是，那是兩個兒子的共有地，老二不願在契約上蓋章，也想分半數的錢，但老大又不肯，連小妹也跳出來想要分杯羹。

我的辦法是協議分割，把這塊地先切割成兩塊地，每塊地又切成兩塊，所以共有四塊地：裡面的地有兩塊，左右邊靠馬路的也各是一塊，這麼一來，兄弟兩人各分到一塊靠馬路的地和裡面的地。

我跟老大說：「說不定裡面那塊地還會開出一條新馬路，地價又會漲！」他被說服了；老二也因為不必打官司又能拿到賣地的錢，很高興；同時，他們也願意分一點錢來補償小妹，小妹更加開心，仍在世的母親看了也安心，皆大歡喜。

從這些故事可以知道，分產時保留彈性，依不同的財產（股票、土地等）用不同的方法分給所有子女，事情也可以很圓滿。

稅與法簡單講

1. 民法第824條（共有物分割之方法）。
2. 民法第1199條（遺囑生效期）。
3. 民法第1219條（遺囑撤回之自由及其方式）。
4. 民法第1220條（視為撤回（一）——前後遺囑牴觸）。
5. 民法第1221條（視為撤回（二）——遺囑與行為牴觸）。
6. 民法第1223條（特留分之決定）。

16 | 自書遺囑，
留些筆跡供比對

有個嫁到國外的台灣婦女，跟老公離婚後回國，想要寫遺囑，還希望由我做她的遺囑執行人。但我的年紀大她很多，似乎「不太恰當」。我說，如果她本人要寫遺囑（自書遺囑），我可以幫忙擬遺囑草稿，但要她自己手寫一遍。此外，我不便當她的遺囑執行人。

其實，我不當別人的遺囑執行人也是有原因的。依法如果有遺囑執行人，這個人就是遺產稅的納稅義務人。試想，繼承遺產的當事人若有不合或發生糾紛，沒人要繳遺產稅時，結果遺囑執行人被國稅局追稅，豈不倒楣？

除了遺囑執行人，還有個「遺囑保管人」，從字面可知，就是保管遺囑的人，依法須於繼承開始時，在親屬會議中提示遺囑；跟必須處理遺產的遺囑執行人是不同的。

所以，別人需要幫忙處理遺囑的事時，我通常不當遺囑

執行人，只當遺囑保管人。此時，我也會要求對方把遺囑連同平日的文書筆跡一起提供給我。會這樣做，說來話長。

過去，我受一個名人之託幫他保管遺囑，等他百年後，我把遺囑拿到親屬會議給繼承人看。但他的遺產分配並非「人人平等」，所以協商無法順利進行，甚至當時有風聲說，有人想把遺囑撕毀。如果是繼承人毀棄遺囑，可能會喪失繼承權，但不是繼承人做的話，只會觸犯毀損私文書，而且實務上初犯的人罪都判得不重。我怕真有人把遺囑搶去撕掉，和繼承人開會討論時，還特別把正本放在其他地方。

依這個名人的遺囑，分配給某繼承人的部分很少，最後他只有法定的「特留分」可以拿，所以那位繼承人就主張遺囑是假的，說是我「偷天換日」更換遺囑；我差點要拿它到法院鑑定，確認遺囑有效。但是，這份遺產約20億元，上法院的話，以現在的訴訟費用標準來看，除非少數情形法院認為是非財產權訴訟，那訴訟費用就只要新台幣3,000元，如果由法院核定訴訟標的價額，最多可能一審裁判費就要1,400多萬元，二審、三審也還要再分別付2,100多萬元的裁判費（為使讀者了解現在的訴訟費用情形，故以現在的標準說明。當時訴訟費用較低，但也所費不貲）；這麼多錢，當然沒有繼承人願意先墊付，只好作罷。

可是，客戶的問題還是得解決。我想了想，這份遺囑有寫到財產中的一部分要捐給屬於財團法人的慈善機關，跟國稅局課稅金額有關，因為捐贈給慈善財團法人等機關的金額

可以不用算入財產總額中，也就是不用課稅。我跟國稅局協商後，改請國稅局拿這份遺囑到調查局鑑定。這樣不但效果相同，也可以避免國稅局將來有其他意見。

麻煩的是，這個名人生前很懶得寫字，凡事都用講的，很難找到他的筆跡。我怕別人又指我蒐集的筆跡是偽造變造過的，所以也請那位提出異議的繼承人自行蒐集筆跡，避免彼此又起爭議。結果，遺囑上的筆跡，和我以及那繼承人蒐集而來的筆跡，鑑定一致，大家都沒話說。

經過這次教訓，從此之後，我都會要求當事人把遺囑和平時的筆跡放在一起提供給我，否則，等到事後有當事人異議想核對時，我這「外人」要再回頭蒐集筆跡可就難了。我也鼓勵大家自書遺囑時，除了注意法律規定的要件要符合之外，多留幾份筆跡下來，以備需要。

稅與法簡單講

1. 民法第1145條（繼承權喪失之事由）。

2. 民法第1189條（遺囑方式之種類）。

3. 民法第1190條（自書遺囑）。

4. 民法第1209條（遺囑執行人之產生（一）——遺囑指定）。

5. 民法第1211條（遺囑執行人之產生（二）——親屬會議法院之選任）。

6. 民法第1212條（遺囑之提示）。

7. 遺產及贈與稅法第6條（納稅義務人——遺產稅）。

8. 遺產及贈與稅法第16條（不計入遺產總額）。

9. 中華民國刑法第352條（毀損文書罪）。

10. 民事訴訟法第77條之1（訴訟標的價額之核定）。

11. 民事訴訟法第77條之13（財產權起訴訴訟標的金額之計算）。

12. 民事訴訟法第77條之14（非財產權訴訟其訴訟費之徵收）。

13. 民事訴訟法第77條之16（上訴之裁判費）。

17 遺囑曝光，當心後遺症

不少人在生前立遺囑，但是沒注意到法律規定，立了無效的遺囑。過去，有個教授育有一兒一女，兒子不太成器，女兒比較孝順。女婿有天到岳父的書房時瞄到一份遺囑，上面寫著：「本人若百年後，所有財產，女婿外人不可得。」女婿心想，岳父竟想把所有財產給他，欣喜若狂。事實上，他誤會了，這教授的意思，是指女婿是外人，不能得到他的財產，而非「女婿以外」的人不能得到他的財產。後來，教授過世了，但孝順多年的女婿並沒有得到預期的遺產。

這個女婿影印了一份岳父的遺囑給我看。我勸說，他搞錯了，遺囑的文字雖然沒有明顯逗點，但意思應該是「女婿是外人，不可得」啊。而且就算岳父是這個意思，岳父在遺囑上沒有記明年月日，也沒有親自簽名，這樣的遺囑是沒有

效的。他不相信，還去打官司，結果官司也輸了。後來，教授的兒子念在姊夫也照顧過父親，而稍有酬謝。

不過，就算符合「自書遺囑」的要件，可能還是會產生糾紛。話說某甲一生都沒有結婚，但財產有好幾十億。但他的父母都不在人世了，兄弟姊妹理所當然是他的法定繼承人。某甲寫了一份自書遺囑，內容對其中一個姊姊較不利。所以，當其他繼承人都沒意見時，這個姊姊卻跳出來說遺囑是假的。我受託辦理遺產稅時，費了九牛二虎之力才證明遺囑的筆跡是真的。

某甲的姊姊學到教訓，認為弟弟的自書遺囑沒有經過公證，才難以了解真假。她的年紀也大了，怕子女將來爭奪遺產，所以到法院公證人面前做了一份「公證遺囑」。但她當時沒想到，這樣的遺囑，並不能保證她高枕無憂。

有一天深夜，她打電話給我，話筒的那一頭是一把鼻涕一把眼淚。她哭說，遺囑做成之後，兒子們都知道財產怎麼分，就不理她，她只好住在女兒家裡，但她女兒明白未來會分到的財產較少，也頗有微詞。

其實，如果她當初用的是「密封遺囑」，一樣可以公證，但卻不會讓她兒子知道內容。她說她當初哪知道那麼多。我向她掛保證，一定會幫她解決問題。

一週之內，我聯絡到她的四個兒子，把他們母親受的委屈說一遍，告訴他們母親現在打算重新做一份「密封遺囑」。我強調，新的遺囑依法可以推翻舊的效力，而且密封

遺囑沒辦法事先知道內容。聽到這裡，他們也緊張了起來。

我趁機要求他們，把未來打算如何孝順母親的方法各提出一份報告。事後，我安排四個兒子和母親碰面，母親一見大罵，兒子跪求她原諒。最後，這個母親輪流給四個兒子養，生活得很「風光」。等到母親過世，四個兒子才知道母親並沒有重寫遺囑。

從上面的故事可知，立遺囑時，除了要注意是否符合法律規定，內容也最好不要讓子女知道，免得衍生後遺症。

稅與法簡單講

1. 民法第1187條（遺產之自由處分）。
2. 民法第1189條（遺囑方式之種類）。
3. 民法第1190條（自書遺囑）。
4. 民法第1192條（密封遺囑）。
5. 民法第1199條（遺囑生效期）。
6. 民法第1219條（遺囑撤回之自由及其方式）。
7. 民法第1220條（視為撤回（一）——前後遺囑牴觸）。
8. 民法第1221條（視為撤回（二）——遺囑與行為牴觸）。

18 台日跨海繼承，適用法律有玄機

泡麵之父吳百福的第二代跨海爭產的新聞，媒體有大篇幅報導，最近，我也處理一件類似的案子。那是一個醫師，他在台灣有太太，也有一個兒子，早年卻跑到日本去，並說自己沒結過婚，就在當地娶了一個日本太太，並且歸化成日本籍。

這幾年，醫師年紀大了，身體不好，自知來日無多，才跑回台灣，恢復中華民國國籍，委託我開設的房仲公司幫他變賣在台灣的祖產，打算換成現金，方便匯回給日本的妻兒。祖產還沒賣掉，他先回到日本，沒想到在日本發生車禍死亡。

老醫師活到七、八十歲，在他過世前，其實已向日本的妻兒坦白他在台灣有家室。事後，台、日兩邊爭產，卻又發現原來醫師和自家診所的護士也有一名私生子，爭產的人數

又變多了。

　　先說台灣法律訂有「夫妻剩餘財產差額請求權」來保障配偶的權益，做太太的可以主張分配財產差額；但是祖產是醫師繼承而來，所以醫師的太太不得就那部分請求差額分配。日本則沒有「夫妻剩餘財產差額請求權」的制度。

　　翻開六法全書，這個跨國繼承的問題，要看「涉外民事法律適用法」的規定，繼承依被繼承人死亡時的本國法來處理。這個醫師有台灣和日本雙重國籍，到底要用哪一國的法律？想來似乎有點費力。

　　其實，這個法有一個條文，規定多國籍者要依最後取得的國籍為準；但如果有中華民國國籍，也要依中華民國法律處理。

　　這個醫師有中華民國國籍，最後一個取得的也是中華民國國籍，而且大家要爭的財產在中華民國境內，方向很明顯了。於是，我當中介人，向他們勸說，其實雙方都不必爭，而大家在了解情形後，都對依台灣的法律處理沒有歧見了。

　　依我國民法，這筆遺產由醫師的配偶和第一順位繼承人（子女）來繼承，而且日本和台灣兩個配偶必須合算一份（1985年6月4日以前的法律還承認兩個以上配偶的合法性），由配偶和三名子女（包括那個護士的非婚生子）共分，總共四份。

　　日本和台灣的繼承規定有差異，若是依日本的民法，配偶和子女是要各繼承一半的，換句話說，配偶可得二分之一

（50%）的遺產，對配偶有很大的保障。另外，非婚生子女只有婚生子女的一半，也就是說，庶子只能算「半份」，而不是一份。

順便補充，台灣法律規定不能重婚，依民法1985年6月4日以前的舊法還可撤銷，不撤銷的話，兩個婚姻都成立，但依新法，重婚無效；日本也有重婚罪。只是，醫師的例子，逝者已矣，重婚歸重婚，繼承歸繼承，一個是刑事責任，另一個只是民事問題。

細心的人可以發現，依日本的法律來處理的話，上面這個醫師在台灣的元配和兒子，反而可繼承更多遺產。

稅與法簡單講

1. 民法第985條（結婚之實質要件（五）——須非重婚）。
2. 民法第988條（結婚之無效）。
3. 民法第1030條之1（剩餘財產差額分配請求權）。
4. 民法第1138條（法定繼承人及其順序）。
5. 民法第1144條（配偶之應繼分）。
6. 國籍法第11條（喪失國籍之情形）。
7. 國籍法第15條（喪失國籍之回復）。
8. 涉外民事法律適用法第22條（繼承）。
9. 涉外民事法律適用法第26條（多數國籍者本國法之確定）。

19 | 兩岸三地，
繼承法律大不同

前不久，亞洲女首富龔如心去世，留下大約新台幣1,300億元的龐大遺產。一個在香港、大陸有投資的台商看到這條新聞，對香港法律規定看得霧煞煞，所以來請教我，想要了解兩岸三地有關繼承的法律規定。

首先，2006年2月11日起，香港已取消遺產稅（取消前最高稅率是15%），所以龔如心的遺產不用繳稅，但她那失蹤多年的先生在1999年由法院做出死亡宣告，先生留下的遺產就要課稅。

如果過世者沒有在生前立遺囑，那就依法分配遺產。在香港，繼承的第一順位是配偶、子女，第二順位是父母，第三順位是兄弟姊妹。而兄弟姐妹又分成全血緣與半血緣，全血緣的繼承順位比較高。而且，姪兒也有繼承權，可以繼承伯伯或叔叔的財產。

不過，香港人的繼承重視遺囑，所以很多人都會事先立遺囑。但一定要成年（滿18歲）才能寫遺囑（已婚者、軍人、航海和航空員除外），而且要有兩個以上的合格見證人才有效（見證人和其配偶不能是受益人，但償還債務的情形例外）。另外，如果在遺囑中剝奪某些法定繼承人（依靠被繼承人生活且缺乏其他生活來源的法定繼承人）的繼承權時，依香港的「死者家屬撫養權條例」，有五類的人由法院裁定其必要生活費：死者的未嫁女兒、未成年子女、死者合法的配偶、死者須供養的父母。

　　至於中國大陸的繼承法，繼承第一順位是配偶、子女和父母，第二順位是兄弟姐妹和內、外祖父母。大陸的繼承順位具有彈性，法院有很大的裁量權。舉例說，撫養沒有血親關係的繼父母，或者好心照顧隔壁無依的阿公、阿媽，也可以當他們的繼承人，甚至喪偶的女婿撫養岳父、母，以及喪偶的媳婦對公婆盡了孝道，也可以繼承他們的財產。

　　分配的方式，也是同一順位的繼承人平均繼承，而不像台灣有所區分，甚至對被繼承人盡主要扶養義務的人，還可以多分；應該撫養但沒有盡到義務的人，財產也可以少分給他們。

　　至於較無謀生能力、生活困難或者缺乏勞動力的人，一樣可以多分。像不少台商都在中國大陸置產，所以，台商的二奶依靠他扶養又生活困難的話，也可以繼承台商在當地的財產，或者舉證她在台商病危時照顧他，也可以有繼承權。

　　對照台灣重視婚姻、血緣關係，有特留分和應繼分的規定；香港和中國大陸的繼承情況則是不同風貌。

　　值得注意的是，依台灣法律，大陸人繼承台灣的財產，不得超過200萬元，但這只適用於「大陸地區人民」，所以，1997年後的香港居民，以及1999年後的澳門居民，繼承台灣人民的遺產，可類推適用涉外民事法律適用法的規定，不受這項限制。不過，台灣法律對大陸人繼承有這個「限制」，中國大陸的法院裁量上又有很大彈性，兩岸台商家屬要爭取在中國大陸的財產時，台灣人民很可能處於較不利的位置。

稅與法簡單講

1. 民法第1138條（法定繼承人及其順序）。
2. 民法第1144條（配偶之應繼分）。
3. 香港澳門關係條例第38條（民事事件之類推適用）。
4. 大陸法律：中華人民共和國繼承法。
5. 香港法律：遺囑條例。
6. 香港法律：死者家屬撫養權條例。

20 | 怕繳遺產稅，
　　　賠上一輩子幸福

我常跟朋友開玩笑，說年紀大的朋友，身價有兩「憶」：一是回憶，二是失憶。今天我就來貢獻一個回憶。1959年，我父親因為心臟病，考慮向朋友A先生借錢，好讓我繼續念初中。一天8分利，算是高利貸。A先生勸我爸，不如學他讓小孩去做鐵工，還有工資可拿，但我父親說：「讓他讀書，勝過給他一甲地。」

到了1971年，立法院研議遺產及贈與稅法，A先生因為政商關係好，和民代熟稔，事先得到這個訊息。1973年初的時候，我已經在審計機關做事，A先生找上我，希望我幫他規劃分財產給孩子的事。我建議他，財產不要全部分給七個孩子，至少分成八等份，一份留給自己。但他不想繳遺產稅，把手邊的土地全數分給孩子。

遺產及贈與稅法在1973年2月6日公布，8日生效。A先

生的財產分配趕在2月1日之前就辦妥，非常有效率。但是辦完之後，從此不得安寧。

　　人算不如天算。A先生把土地均分給六個兒子和一個女兒，但把最好、水分較多的地分給大兒子，希望大兒子種田、養家，把馬路邊較不豐收的地給其他子女，結果兄弟吵了起來。但是，土地的價值會變化，靠馬路邊的地，因為舖設柏油路，價值漸漸高漲，又引起兄弟紛爭，每個人都喊不公平。

　　其中，有個兒子受到壞朋友影響，把土地拿去貸款，結果土地被查封，還回過頭來怪A先生怎麼那麼早把土地送給他，使他年紀輕輕就被「拐」。其實，A先生把所有權狀都收起來，但那個壞朋友教這個兒子去地政事務所公告遺失，也始料未及；等銀行要拍賣土地時才發現這件事。

　　後來，A先生就中風，無法工作，但兒女漸行漸遠，完全不理老爸、老媽，他的太太只好賣菜維生。對我來說，因為A先生當年借錢給我父親，讓我有機會讀書，也算是我的恩人，我有機會就會去看他，他每次見到我都淚汪汪，後悔沒有聽進我的建議，也留一些財產給自己。

　　A先生當年相信「有土斯有財」，拚命買地，這個做法是沒錯，但他叫小孩去工作，沒讓他們讀書，所以兄弟都是種田人，不但田地相鄰，也住在一起，大家又把「利」看得很重，很容易起爭執。連A先生去世，辦喪事時，兒女也為出錢的事在計較。

　　這給大家一個教訓：寧可自己留一份財產被課稅，也不要全部分給兒女，況且，遺產稅不用自己繳，而且依財政部目前規劃，遺產及贈與稅的稅率可望降低。奉勸大家，不要因為怕繳遺產稅，賠上一輩子幸福。

　　我父親有遠見，確實證明了讓我讀書，比給我一甲地更有用。

 稅與法簡單講

　1. 民法第406條（贈與之意義及成立）。
　2. 遺產及贈與稅法第1條（遺產稅之客體）。
　3. 遺產及贈與稅法第3條（贈與稅之客體）。
　4. 遺產及贈與稅法第4條（名詞定義──贈與）。

21 未繼承卻繳遺產稅，有解

有個A小姐結婚10多年，沒有孩子。她的婆婆早年就過世，她的公公是南部大地主。後來公公過世後，她的先生和小叔各自繼承大筆土地，沒想到先生也在第3年因病去世。依民法規定，沒有孩子也沒有父母的情況下，由配偶和繼承人的兄弟姐妹繼承遺產。

A小姐找我處理繼承遺產的事情，才發現在她先生死亡的前10天，名下的土地已經過戶給他的弟弟，就是她的小叔，其他的動產也都給弟弟了。這些土地農地農用，所以不必繳贈與稅，而且她的小叔已經辦理拋棄繼承，也不用繳遺產稅。

稅法規定，死亡前2年贈與財產，那些財產也必須納入遺產課稅。但小叔已經早一步辦理拋棄繼承，所有的遺產稅全部算到A小姐頭上。她沒有繼承到任何財產，卻因為沒有

拋棄繼承,為了家計又得工作,導致她不管到哪兒上班,每個月薪水都被扣押去繳稅,苦不堪言。

後來,我找到「破綻」。A小姐拿出她先生和小叔立的契約,立契約的日期竟是她先生重病昏迷的第2天。於是,我去問她小叔,告訴他:在無意識狀態中所做的意思表示,依法無效。希望他幫忙自己的嫂子繳稅,否則她將提告。

當然,後來才知道這個小叔是為了顧全自家的祖產,深恐A小姐帶著財產改嫁,某種程度上似乎也不是沒有道理。但我想,要她帶著「債務」去改嫁,好像也不公平,更何況A小姐也不一定會改嫁,何妨讓A小姐沒財產但也沒債務,全身而退。小叔知道情形之後,同意提出現金來繳遺產稅,事情就圓滿落幕。

另外,以前的地主重男輕女。有些當兒子的不務正業,在父親重病過世前的2年內,或者要求父親給予金錢,甚至趁父親無力管理自己財產的時候,不時以現金、轉帳的方式領走父親帳戶裡的錢(對這種情形,國稅局在實務上往往認定是贈與);但父親過世後,兒子繼承土地,女兒只拿到紅包意思意思,敢怒不敢言;結果兒子後來闖了禍,還先脫產。所以,國稅局追稅(遺產稅及贈與稅)時,執行到的是已嫁女兒的財產(因為沒有拋棄繼承),非常無辜。

2006年12月以後,關於被繼承人死亡2年內的贈與所產生的贈與稅問題就有解了。依據司法院大法官第622號解釋,被繼承人生前2年的贈與所衍生的贈與債務,在繼承人

概括繼承時要先從被繼承人的財產去扣稅，不足的部分再找受贈人（所以之前直接找遺產繼承人來負擔贈與稅的納稅義務，是不對的）。至於A小姐的例子，假設當初的贈與是要課贈與稅的，贈與稅部分就要回歸到遺產及贈與稅法第7條，誰做的事誰來擔，所以，現在國稅局就會直接找受贈人（她的小叔）當納稅義務人。

稅與法簡單講

1. 民法第75條（無行為能力人及無意識能力人之意思表示）。
2. 民法第1138條（法定繼承人及其順序）。
3. 民法第1139條（第一順序繼承人之決定）。
4. 民法第1174條（拋棄繼承）。
5. 遺產及贈與稅法第1條（遺產稅之客體）。
6. 遺產及贈與稅法第3條（贈與稅之客體）。
7. 遺產及贈與稅法第7條（納稅義務——贈與稅）。
8. 遺產及贈與稅法第15條（視同財產）。
9. 遺產及贈與稅法第16條（不計入遺產總額）。
10. 遺產及贈與稅法施行細則第13條（重病期間處理事務）。
11. 司法院大法官會議解釋第622號。

22 | 補償金列遺產，有例外

國稅局曾發布新聞稿，說被繼承人於死亡前所得領取的土地徵收補償金要列為遺產課稅。但事實上，土地徵收補償金列為遺產，也有例外。

2003年，國人買賣公共設施保留地的風氣很盛，因為有很大的節稅效果，甲先生在2003年11月把一塊公設地透過仲介賣給乙先生。不過，因為那塊地是由甲和幾個人共有，不好處理，直到年底還沒有完成手續。

當時的財政部長下令，2004年之後捐贈公設地抵綜合所得稅，必須按實際買賣價格計算捐贈額，如果不能提示實際買賣價格，就要按照公告現值的16%計算，這麼一來就沒有節稅效果，乙打消購買念頭，索性不繳尾款，但甲也不退錢。

隔了半年，乙聽說這塊地要改為機關用地可能會被徵

收，又再找上仲介，說願意把尾款付清，希望趕快過戶，但拒絕再付佣金給仲介，所以仲介沒有幫他談成這件事。

乙只好去打官司，請求甲移轉土地所有權，官司拖了很久，這段期間，甲的身體不好去住院，一審判決前的言詞辯論沒有出庭，也沒有請律師代為出庭，法官就進行一造辯論判決，判乙勝訴。

甲的兒子在家收到判決書，不以為意，放到一邊。20天之後，超過上訴期限，判決就確定了。

期間縣政府公告徵收那塊地，而判決確定的第3天，縣政府依法把徵收補償費，用甲的名義提存到國庫的「土地徵收補償費保管專戶」。但過了10天左右，甲去世了。

甲的繼承人申報遺產稅時，認為縣政府提存有誤，所以就沒有申報這一筆遺產。國稅局就來了，說那筆補償費屬於甲的遺產，因為土地登記有絕對效力，因此對甲的繼承人連補帶罰。

甲的繼承人氣得跳腳，因為適用遺產稅最高稅率50%，再加罰1倍，相當於土地徵收補償費全都沒有了。

同時，乙發現「煮熟的鴨子飛了」，也向縣政府抗議，要求更改補償金的受補償人，但縣府和國稅局的看法一致，都說是依法律規定來處理，也就是乙沒有登記，自然沒有所有權。

但甲的繼承人和乙認為，既然乙請求甲移轉土地所有權的訴訟勝訴，當然有理由對抗國稅局和縣政府。後來，他們

一起來找我想辦法。

　　首先，為什麼甲的繼承人和乙一開始的主張行不通呢？因為民法所說不需要移轉登記的法院判決，是指取得不動產物權的形成判決，例如請求分割共有物之訴，但乙提起的官司是「給付之訴」，所以法院做的是「給付判決」，就不適用這一條文，土地還是要辦過戶才生效力，乙不能主張「給付之訴」勝訴就取得所有權。

　　另外，乙請求甲將土地過戶給乙的訴訟，經法院判決確定，絕對有效。但甲的土地已經被縣政府徵收，沒辦法把土地交給乙，就是「給付不能」，可以因此免除給付的義務，而乙也不用再繳尾款給的甲繼承人。

　　再者，縣政府也沒錯，因為補償金本來就是要給原來的地主，乙不能向縣政府主張要領這筆錢。所以，問題變成甲的繼承人要不要把補償金付給乙？

　　其實，依據民法的法理精神，乙可以行使「代償請求權」，讓甲的繼承人把領取補償金的權利讓給乙，不但乙能達到他原本想要的目的，由於這筆補償費會成為甲留下來的債務，從遺產中扣除，就可以解決甲的繼承人被國稅局連補帶罰的問題。

稅與法簡單講

1. 民法第225條（給付不能之效力免給付義務與代償請求權之發生）。

2. 民法第226條（給付不能之效力——損害賠償與一部履行之拒絕）。

3. 民法第758條（物權登記生效要件主義）。

4. 土地法第43條（土地登記之公信力）。

5. 都市計畫法第50條之1（所得稅、遺產稅或贈與稅之免徵）。

6. 土地徵收條例第21條（被徵收土地或土地改良物之所有權人之權利義務）。

7. 土地徵收條例第26條（土地徵收補償費保管專戶之設立）。

8. 遺產及贈與稅法第13條（遺產稅之稅率）。

9. 遺產及贈與稅法第45條（短漏報之處罰）。

10. 民事訴訟法第385條（一造辯論判決）。

11. 民事訴訟法第440條（上訴期間）。

12. （各年度）個人捐贈土地列報綜合所得稅捐贈列舉扣除金額之認定標準。

13. 最高法院1991年度第 4 次民事庭會議 (一)。

23 | 遺產公同共有，抵繳問題多

有位住在中部的專欄讀者打電話找我，談到他的父親於2007年初去世，2006年度的綜合所得稅就要繳1,000多萬元。另外，他透露，父親在外還有一個兒子。這位讀者算是父親的繼承人之一，但他的手邊實在沒有這麼多存款可以繳稅，他問我怎麼辦才好？我說，可以動用父親的銀行存款去抵繳；因為這是拿錢去繳給國庫，不是拿來自己用，國稅局應該會同意。

過了兩天，讀者打電話來了，說國稅局准了，但要所有繼承人同意，可是，「外面」的那個兒子可能在嘔氣，不肯同意。等到聽我說，國稅局將來開罰，是罰全體繼承人，那個「外面」的兒子才勉強蓋章。沒想到，他又事後反悔，主動去函國稅局和銀行，說他要撤銷同意。

因為遺產為「公同共有」，依民法必須所有繼承人同意

才算數，所以我也沒轍。

眼看是報稅的最後一天了，我建議讀者請他的母親（未亡人）在合併申報時先墊繳這筆所得稅，往後再從遺產總額中扣除。總算有解，他們放下心中大石。

在這個事件，如果最後還是有人不同意動用遺產來抵稅，就會因為沒有現款繳稅而被處罰鍰。但是，事情如果發生在日本，依其民法規定，遺產雖是「共有」，但只要過半數同意即可。所以，我認為，我們的民法也可以學習日本民法，把「公同共有」改為「共有」就好，這樣就不必硬是要全數繼承人同意；否則，以現在的社會狀況，家裡的兄弟姐妹可能散布全球各地，而且感情薄弱，做一件事還要全數人親自蓋章同意，談何容易？

現實中，用於抵繳遺產稅的標的物（東西），最大宗的莫過於土地和股票。20年前，財政部按照民法規定，在遺產及贈與稅法施行細則，明文要求繼承人如果用被繼承人的土地、房屋或者其他實物來抵繳遺產稅，要準備一份全體繼承人簽章的同意書，這是「自己綁自己」。

因為土地法相較於民法，是特別法，用土地抵繳時，應該可以適用土地法的特別規定，所以財政部在1987年也做出一個解釋函令，內容就是說如果用土地抵繳遺產稅時，只要繼承人過半數同意就成立。

不過，如果是其他抵繳的方式，例如用被繼承人的股票來抵繳遺產稅時，還是要依照民法「公同共有」等相關規

定，由全體繼承人同意才行，增加許多繳納遺產稅的困擾。
我認為，將來不如修法，簡化規則，讓大家便利可行，也可
以確保國家及早課到稅。

 稅與法簡單講

1. 民法第827條（公同共有人及其權利）。
2. 民法第828條（公同共有人之權利義務與公同共有物之處
   分）。
3. 民法第1151條（遺產之公同共有）。
4. 土地法第34條之1（共有土地或建築改良物之處分）。
5. 遺產及贈與稅法第17條（扣除額）。
6. 遺產及贈與稅法第30條（延期或分期繳納）。

房地產稅務與法律

第二部

24 賣地想省稅，
別偷雞不著蝕把米

很多人買賣土地，希望可以有技巧地節稅，但對稅法一知半解，往往「偷雞不著蝕把米」。像土地交易，賣方明明是依法要繳納土地增值稅的義務人，但在賣方主導的市場下，就有某地主打契約時，明訂要「實拿」1億元，要求土地增值稅2,000萬元由買方去繳，但這樣有可能會被認定是買方把2,000萬元贈與給地主，就可能產生贈與稅的問題；如果買家是公司的話，雖沒有贈與問題，但買方幫地主代繳的土地增值稅2,000萬元，也會被當成「其他所得」，課徵綜合所得稅。

內行人才不會寫這種「不懂稅的契約」。正確的方法是，地主應以1.2億元賣地（這其實也比較符合地主的真意），並載明買方同意代繳2,000萬元的土地增值稅，並由總價款中扣除，買方實付地主1億元。

從這裡可以看出，交易形式或契約寫法不同，影響的稅目和繳稅額也可能跟著不同；省稅與否，效果差很多。所謂「江湖一點訣，說破了就不值一文錢」。

　　早期政府規定賣方要按照土地實際成交價格申報土地增值稅，地主想實拿1億元，但地主依法要繳的土地增值稅，要求由買方負擔。因此雙方就「作弊」，壓低土地成交價格，在契約上寫1億元，2,000萬元的土地增值稅金額就由買方私下另給地主。但事實上，買家沒有義務要幫地主繳稅，這種做法也等於幫助地主逃漏稅。

　　另一個常見的現象，發生在土地掮客身上。他們買下土地後，會很快賣掉，專做短期交易。他們買了土地後，不會馬上過戶到自己的名下，目的是要省印花稅（稅額為契約價金的千分之一）和土地登記費（為申報地價的千分之一），甚至是代書費。

　　但是，這種做法會有不良後果。依土地稅法，土地買賣未辦完權利移轉登記前，買家再行出售土地，要處罰鍰（再行出售移轉現值的2%）；另外，根據財政部1995年的解釋函令，購買農地未過戶再轉售給他人，獲利要歸為「其他所得」課稅。所以說，土地掮客從事特殊的短期交易，要冒很大的風險，本來土地買賣所得免稅，而且同一年度再轉賣，因為公告現值不變，所以也沒有土地增值稅的問題，但為了省印花稅和土地登記費，卻要被課所得稅，反而因小失大。

　　因此，大家買賣土地，不論是為了自住或是投資，得先
弄清楚相關法律規定，以免得不償失。

稅與法簡單講

1. 土地法第76條（變更登記費之數額及免納）。
2. 土地稅法第28條（土地增值稅之徵收對象）。
3. 土地稅法第33條（稅率）。
4. 土地稅法第54條（未移轉登記即再行出售時之罰鍰）。
5. 平均地權條例第81條（未移轉登記出售之處罰）。
6. 印花稅法第5條（應稅憑證）。
7. 印花稅法第7條（稅率稅額）。
8. 土地登記規則第45條（登記規費）。
9. 遺產及贈與稅法第4條（名詞定義──贈與）。

25 | 法定空地，誰該繳地價稅

很多人聽到「法定空地」，還以為那是沒有用的地，但不知，其中大有文章。

稅捐處查地價稅，查得很兇，後來，有些過世建商的繼承人收到稅單之後，都感到莫名其妙，部分欠稅超過50萬的人，還被限制出境。這就是「老子做事，小子有事」，案子愈來愈多。他們有些人跑來向我求助。

說來話長。早期蓋房子，依規定，建蔽率70%，也就是100坪的土地，只有70坪可以蓋房子，其他30坪就屬於法定空地。當這樣的房子要賣掉時，可能就有兩張所有權狀，其中一張叫做「道」，是「法定空地」，也就是現在很有價值的「公設地」。

以前，有的建商交屋時，並沒有真的把法定空地過戶給買主，很多屋主都不知道這一點。由於法地空地的權狀還留

在建商手裡，所以，稅捐處才會找上這些繼承人來繳這些地的地價稅。

　　繼承人了解來龍去脈後，很多人都希望處分這些地，不要再繳交地價稅。最直接的辦法，是找房子的現住戶，問他們要不要這塊法定空地，但有些房子已經轉了好幾手，而且平常住在屋子裡，也不覺得法定空地有什麼必要，加上又要繳地價稅，大部分的現住戶都不打算要回法定空地。

　　第二個辦法，是請建商的繼承人辦理拋棄土地所有權，但是，內政部在1983年依建築法規定做出解釋，法地空地不得與基地分離而單獨拋棄，好像就把這條路給堵住了。

　　這個解釋令的大概意思是說，建築物法定空地所有權人，不管是否還有房屋所有權，都不可以單獨拋棄法定空地所有權。原因是這種拋棄行為，違反建築法有關保留空地維護公共利益的規定，不僅將增加基地權利關係之複雜性，且有縱容其為脫法行為之嫌。這個解釋令指出，如果要拋棄所有權，應該要一併拋棄才行。

　　不過，我研究的結果，建築法的「不得移轉」解釋上應該不包括「拋棄」，因為法定空地屬於財產權，原則上是可以拋棄的，一旦民眾拋棄後，就會由地政機關改登記為國有土地，這和把法定空地捐贈出去變國有土地並不一樣。

　　不過，現行規定如此。那麼，我還有第三招，也可行多了，就是請這些法定空地的繼承人，向稅捐處申請由現住戶（土地的占有人）代繳這筆地價稅。

　　話說回來，如果這些建商當初沒有過戶的土地上，蓋的多是矮房子的話，那就不一定要急著把土地「甩」掉，因為這些房子以後可能改建，到時候法定空地就是相當值錢的畸零地，我會勸他們繳一點地價稅沒有關係，可以等待將來改建時，建商就可能會拜託你賣給他們。這也算是「傻人有傻福」吧。

　　上面這些現象，也提醒現在要買中古屋的人，如果房子的所有權狀不包括法定空地，那麼房子旁邊的巷道，可能就是當初建商該過戶卻沒有過戶的法定空地，一定要記得去爭取。就我知道，像台北市舊大樓附近的巷道，就可能有這種情形。

 稅與法簡單講

1. 建築法第11條（建築基地與法定空地）。
2. 土地法第10條（私有土地與國有土地）。
3. 土地稅法第4條（代繳）。

26 | 買賣房地產，有自保之道

甲先生投資房地產經驗豐富，沒想到「猴子爬樹也會掉下來」；幾年前，他買一塊中部的土地，付款之後，傻眼了。

一個週五下午4時，甲先生到地政事務所調閱土地登記謄本，發現他要買的那塊地沒有被設定抵押，也沒有被扣押，就很放心地匯款給賣方。等到第三天，週一下午3時，甲先生去遞件時，地政事務所竟說這塊土地已經被法院扣押，時間就在當天上午。

甲先生覺得很嘔，認為賣方是故意的，來找我想辦法。依我了解，賣方的背景複雜，而且人被收押保釋沒多久。我要甲先生先冷靜下來，不要硬碰硬，等一段時間之後，再用低姿態去跟對方談談看。

所謂事緩則圓，別逼迫對方馬上給個答案，才是上策。

後來，甲先生照我的建議，派公司秘書小姐出面，施以苦肉計，說發生這種事雙方都很不幸，希望對方可以解決。其實我知道，賣方是很有財力的人士，這筆錢對他來說是小錢，應該不是惡意要如此，而且人才剛剛保釋出來，應該不會想惹事，免得被還押。

像甲先生這樣，事前功課做得完備，還是會出狀況，應該如何防範？

站在買方的立場，交錢和交屋之間，因為有段時間落差，意外狀況防不勝防；但現在有「履約保證」這種東西，透過建築經理公司、銀行與代書相互配合控管，在確認安全交易之後，款項才會到賣方手上。

對賣方也有好處，因為站在賣方立場，其實也怕收到定金後，才發現買方財力不足、貸款困難，或有其他狀況，影響交易安全；有了「履約保證」，如果買方的錢不夠或不清楚，就不會過戶給買方。

不過，以賣方而言，「履約保證」還不算最佳策略，根據我多年房屋仲介和地政士經驗，有一招更好用。很多時候，買方的資金不夠，需要向銀行貸款，但時間就會拖久，可能要等上3、4個月，如果賣方要賣舊房換新房，或急需用錢，資金就等於被凍結，將急如熱鍋上的螞蟻。

要處理這種情況，辦法很簡單，賣方也可以先拿房子去向銀行抵押貸款，加些擔保品，比如定存單、房地產，貸到全額，等過戶後再通知銀行，更改債務人為買方。

　　假如買、賣雙方分別向不同銀行貸款，技術上可以把房子向買方貸款銀行辦理設定抵押登記，再由這家銀行向賣方的借款銀行代償，並塗銷賣方的抵押權登記。但要注意，買方貸款銀行應該加註一點：這項代償如果無法取得清償證明或塗銷同意書時，賣方的借款銀行應該把買方貸款銀行所匯的款項退還，以資安全。如此，賣方雖然損失一點利息錢，但獲得更大保障，也不會妨礙到買方的交易安全。

 稅與法簡單講

1. 民法第345條（買賣之意義及成立）。
2. 民法第860條（普通抵押權）。

27 | 賣爛房子，
地主、建商、營造廠
都可能要賠

前不久，有個賣菜的阿婆，委託我幫她賣房子，但她是不識字的鄉下人，沒辦法寫「不動產說明書」給我看，所以就用口頭方式把房子概況講給我聽。當然，我要求她實話實說，否則將來房子出問題，大家都有法律責任。

阿婆據實告訴我，那間房子她買了4年，就發現房子有問題；找人鑑定的結果，原來是蓋房子時偷工減料，因此地樁和鋼筋都有不良狀況。阿婆只好再花錢找人加強，可是她住起來仍然怕怕的。

我不敢賣這個房子，因為如果跟看房子的人老實說出房子狀況，應該沒有人敢買。阿婆聽了，哀怨地說，她省吃儉用一輩子，老年終於拿得出1,000萬元買房子，後來還付出將近500萬元修房子，結果想賣還賣不出去，可是，如果不照實說明房子的狀況，又怕以後被告。

看過阿婆承買當時的買賣契約書，我知道阿婆的房子原來是地主和建商合建分售的案子。地主在定型化契約寫明一項：「房屋有任何瑕疵，須由建設公司負責處理，與地主無關。」

　　當初，建設公司是找營造廠蓋這間房子，但建設公司已經倒了。營造廠認為他們和阿婆之間沒有任何關係。地主則說，他的土地沒發生問題，契約也明訂責任範圍。所以，阿婆該找的人都找了，沒人要負責，只好決定賣房子。

　　我沒有答應幫阿婆賣房子。無奈的阿婆，錢討也討不到，賣也賣不出去，繼續到處向人打聽解決之道。兩天後，她打電話來，說她還是要找我才能解決問題。既然如此，我想了一些辦法給她：

　　首先，阿婆可以考慮去找地主討公道，因為地主出地、建設公司出資蓋房子，所謂合建的關係，可能是合夥、承攬、互易（甚至或其他契約），那如果實際上是說好由雙方共同出售分配其金錢，利潤比率也私下談好的，他們之間就很可能屬於合夥關係，這樣合夥人應負連帶責任。

　　其次，關於定型化契約的條款，違反誠信原則，對消費者有失公平的話，無效。所以，如果地主跟建商的契約可以解釋為合夥契約，而地主在契約註明房子發生問題跟他無關，就屬於無效的約束。

　　另外，阿婆還可以找營造廠或其負責人。流行話說：「沒有關係，就找關係；找到關係，就沒有關係。」營造

廠說他們和阿婆沒有關係，但我可以找到關係。因為雖然當初主管機關沒有發現而發給建築物使用執照，但因為依照營建法規，營造廠理當把房子蓋得很安全，卻沒有如此，而造成他人的損害，要負賠償責任，所以營造廠不是「沒關係」的。

　　所以，阿婆可以找地主，也可以找營造廠索賠，至少把因為房子蓋得不當而因此修理的費用討回來。這樣，阿婆一生的心血，不致付諸東流了。

稅與法簡單講

　1. 民法第184條（獨立侵權行為之責任）。
　2. 民法第667條（合夥之意義及合夥人之出資）。
　3. 民法第681條（合夥人之補充連帶責任）。
　4. 消費者保護法第12條（定型化契約無效之情形）。
　5. 建築法第14條（承造人）。
　6. 建築法第58條（妨礙安全）。

28 | 預售屋有重大瑕疵，施工期可解約

王先生在2003年4月向某建設公司購買溫泉地區的預售屋一戶，10坪約300萬元，換算一坪是30萬元。他看上房子的挑高設計，建設公司的銷售人員也跟他說將來可以做夾層，增加使用空間。

2006年6月，房子即將完工，王先生滿懷興奮的去看房子，結果看到房子天花板上有很多管子，包括排水管、排糞管和鋼水管等，大約占天花板的三分之一，完全不符他的期待，不可能像當初銷售人員所說的，建造夾層。

這些管子本來應該集中在排水管道間內，怎麼會出現在天花板？王先生看得快抓狂，隔月就寫存證信函給建設公司，要求對方改善，否則拒絕再繼續繳工程款。當時他已經繳了100萬元。不過，建設公司沒有給他回應。

王先生認為，他眼見的景象，牽涉到整棟房子的結構，

就算交屋後也不可能會有所改善，因此希望建設公司儘早出面解決合約問題。2007年5月，王先生要出國，託我撥空幫他處理這件事。

所以，我也親自去看了一下房子，心想如果不嚴重，裝潢一下仍然可以賣出，當時的行情價是每坪35萬元，房子10坪，約可以賺50萬元，但是這些錢扣掉裝潢費和仲介費等，其實划不來。我只好出面到建設公司「攤牌」，但建設公司表示管線是不可能改了，而且這件事情已委任律師處理，如果王先生不再繳錢，建設公司會主張解約、沒收已繳的款項。

依民法文義解釋，物的瑕疵擔保，在物移轉之後才適用。但我發現依據最高法院的實務見解：出賣人有給付無瑕疵物的義務，而買受人有拒絕受領瑕疵物的權利，因此在特定物之買賣，瑕疵不能修補，或雖然能修補而出賣人表示不願修補時，應認為在危險移轉前買受人就可以拒絕給付相當之價金，以免往後的法律關係趨於複雜，損及買受人之權益。所以，王先生是站得住腳的。

依法，雙方可解約，王先生已繳的100萬元，可要求加計利息歸還。不過，王先生希望，建設公司把100萬元退還給他，另外加計50萬元房地產漲價的利益。建設公司則說，解約可以，但要扣掉他們的損失，比如已付給代銷公司的5%費用、律師費等。雙方的訴求，相差很大。

換我出面講道理了。由於建設公司事後違約自行變更

設計，才造成天花板有很多管子，這是建設公司的不對，將心比心，自己是否也會買這樣的房子呢？況且，接下來建設公司也還有其他的房子要賣。最後，建設公司願歸還100萬元，外加3倍利息給王先生。

很多人買房子時，多少都會遇到房子「不符期待」的情況，尤其是預售屋，當然有些情形很重大，有些卻可能只是買方吹毛求疵。王先生的例子可以說明，如果碰到像海砂屋、輻射屋、建材不良或地震震壞了房屋結構使得樑柱都歪掉等「無法修復的重大瑕疵」，就算還在施工中、還未交屋，也可以合法解約，不用再繳錢。

稅與法簡單講

1. 民法第259條（契約解除後之回復原狀）。
2. 民法第354條（物之瑕疵擔保責任與效果）。
3. 民法第359條（物之瑕疵擔保效力（一）──解約或減少價金）。

29 | 陽台未登記，
買賣易生波折

房地產愈來愈貴了，以前，大家都是問「一間（房子）多少錢？」現在則是問「一坪多少錢？」今昔大不同。

　　早期，由於房價低、房子大，沒有人斤斤計較房子實際的坪數，建商蓋好房子之後，也為了省房屋稅和契稅，所有權狀上的資料，都沒有把陽台的坪數算進去。

　　但最近一起房屋仲介糾紛，就是「陽台未登記」惹的禍──買賣雙方已經簽約，還沒過戶完成，房子共17坪，總價700萬元，約定現況交屋；只是，賣方找了不止一家仲介公司，另一家沒有做成這筆生意的仲介公司，就故意提醒賣方：其實那間房子還有3坪的陽台未登記，所以事實上總坪數有20坪，應該可以賣更高的價錢才是。

　　賣方認為這家仲介說得對極了，便很不滿意這個交易，打算告買方和代書共同詐欺；誰教處理過戶手續的代書擬契

約時，寫的是「現況交屋」呢？

代書急了，找我解決。賣方剛好也是讀過法律的人，我找出民法有關主物和從物的規定，說明主物的處分及於從物，套用在這個情況，陽台既然是房屋的附屬建物，因此把房屋賣掉，當然也包括陽台在內。何況，契約上已經寫明是「現況交屋」。

另一方面，我也跟買方溝通，我知道買方剛好要娶媳婦，家有喜事，如果賣方那邊不履約、不交屋，雙方打官司，是件很掃興的事，而且還得先把未過戶的房子扣押起來，免得賣方私下賣給別人，所以這段時間也沒辦法住進去。

說起來，買方確實占了便宜，雖然去打官司應該是會贏，但也不用理直氣壯、真的去法院訴訟，會很花時間，也破壞好心情，倒不如花錢消災。

所以我建議買方就依陽台坪數的三分之一價，多付40萬元，不但賣方心理舒服，買方其實也不會因此有被賣方敲詐的感覺，給得心甘情願。

說真的，買賣房屋發生糾紛時，買方不妨稍微讓步，因為人以後還要住在買來的房子裡，要是賣方故意留下一些問題，就一走了之，對新屋主來說，更不划算。

現在還有很多這種陽台沒有登記的房子，有個「後遺症」就是所有權狀少了平台（陽台），以致登記坪數比實際坪數少。

　　一年多前，就有個陽台未登記的案子，找我的仲介公司仲介，那時候我就發現所有權狀有「學問」，就去地政事務所先幫賣方補登房子前後的合法陽台坪數，因此多出3坪，以一坪35萬元計算，賣價就可以多出約100萬元。

　　所以，房子有這種情況的人，若要賣房子，應該先去補登記未登記的坪數，或者在買賣契約以但書方式註明陽台還未補登，以免出現不愉快的交易經驗。

稅與法簡單講

1. 民法第68條（主物與從物）。
2. 土地法第69條（更正錯誤或遺漏）。

30 買地分批過戶，不履約風險高

A先生住在北部，想把中部的一塊農地賣掉。找B先生商量，但B先生的資金能力不足，所以A先生就說：「大家是好朋友，沒關係，用分期付款！」於是兩人簽約，協議分兩年4期付款，同時，土地也分成24批，逐批過戶給B先生。

當時，這塊農地附近剛好開始要蓋大型球場，但是A先生不知道這項土地利多，土地價格已經漸漸上漲，所以就用過去的行情賣給B先生。等到農地價格暴漲的消息傳到A先生耳中，B先生已經繳了兩期的款項了。

A先生後悔，不想履約。B先生很生氣，跑去請教律師。律師認為，這筆土地交易雖然是分期付款、分批過戶，但買賣契約白紙黑字寫得很清楚，土地全部要賣給B先生，所以，A先生不照契約把土地分批過戶給B先生是不對的。

　　為了避免B先生採取法律行動、假扣押這筆農地，A先生趕緊找上交情不錯的C先生幫忙，把還沒過戶給B先生的土地，全數賣給C先生。不過，他們之間的買賣行為，只是假買賣而已，沒有資金往來，屬於「虛偽的意思表示」，其實不算數，但B先生並不知道。

　　後來，C先生居然意外去世，所以，登記在他名下的大片農地就這麼讓兒子繼承了。兒子後來為了求婚，又把土地送給女朋友D小姐當禮物。

　　同一時間，B先生把分期付款的金額提存到法院，要求A先生履行契約、把地過戶給他。問題是，土地現在已經變成D小姐的財產，連A先生自己也想辦法要追回這些土地，更別說是把它賣給B先生了。

　　基本上，A先生和C先生的虛偽買賣無效，所以C先生兒子的繼承行為也是無效的，但是，法律上，D小姐是「善意的第三人」，她並不知道男友無權處分這筆土地，依土地法善意取得土地的情況，登記之後就有絕對的效力。

　　換句話說，D小姐的土地所有權，已經受到法律的保障。在這種情況下，A先生和B先生的權益都受到損害，無法彌補，而D小姐卻可以得到這筆土地。所以我建議A先生類推適用民法的規定，讓D小姐補償A先生的損失。

　　至於B先生的訴求，既然D小姐的土地所有權受到保障，A先生追不回土地，所以只能放棄要移轉土地了，頂多轉向A先生請求債務不履行的損害賠償。

　　如果C先生沒有去世，事情就好解決多了，因為B先生可以起訴確認A先生和C先生的交易是「虛偽的意思表示」，並請求塗銷移轉登記，也有機會請求A先生履行買賣契約義務。

　　這個例子也說明土地買賣該注意的地方很多，像案例中的分期付款、通謀虛偽的買賣等，都存在很大的風險，不過B先生如果懂得和A先生談判，把土地都先過戶給他，但還沒付款的部分設定抵押權給A先生，他就不會有那樣的損失了。

稅與法簡單講

　　1. 民法第87條（通謀虛偽意思表示）。

　　2. 民法第183條（第三人之返還責任）。

　　3. 土地法第43條（土地登記之公信力）。

31 買賣房產違約，
各讓一步路更寬

買賣房地產，經常發生毀約糾紛，有時是買方不買，有時是賣方不賣，我就剛好處理過兩種情況，可以分享一下經驗。

以前，有一專買店面的投資客，某次「趁人之危」，透過某仲介公司，向一個剛從國外回來、不懂房地產行情卻急需用錢的年輕人買下店面。年輕人後來才知道「實際」的市價更高，所以自己根本是用兩折賣掉的。不願就這樣「賤賣」店面的年輕人，想要毀約，但身為買方的投資客已經付了三分之一的價款。

一般來說，賣方如果違約，定金要加倍償還給買方，這是法律所規定，現在實務上在契約裡也都是這樣規定。雙方因此扯出很大的糾紛，但投資客又不想對簿公堂，就找上也開仲介公司的我。

　　我不諱言，這個投資客的行為有點可議。一來，賣方因為家裡出事，才會急著賣屋籌錢；二來，他沒有房地產交易經驗，所以聽信某仲介的說法，在無知的情況下以低價出售。買方可以說是趁他人急迫、輕率或沒有經驗，而做出給付的約定，依當時情形顯失公平，可向法院聲請撤銷這項法律行為，或減輕給付程度。不過，如果要提起訴訟，他必須自己舉證相關的情事，更是曠日廢時。

　　我找了那年輕人來，了解他的想法。他說他希望只返還原訂金，或者要以實際市價的8折出售。原本，那個店面的公平市價是1.3億元，經我協調之後，投資客和年輕人以1億元成交。

　　另一個是買方違約的例子，發生在2003年，有一投資客訂下東區一間市價1億元的房子，但是過不久，SARS疫情爆發，房價一夕下跌，他很恐慌，怕它變成資金的無底洞，就不想買了。但他當初以為這個交易有利可圖，所以預付2,500萬元的高額定金。這下麻煩了，依法依約買方違約不買時，賣方可以沒收全額定金。這麼高的訂金若被賣方沒收，非同小可。

　　但是賣方的態度很堅決，事情又鬧到我這裡來。我向賣方分析利弊得失：首先，如果沒收定金，必須申報所得稅；再者，如果上法院，也不見得會判他可以沒收全數定金（違約金過高者，得請求法院酌減）；要是打起官司，2,500萬元的所得，依稅率40%計算，就要繳1,000萬的稅；假設官

司打輸，法官判他只能沒收1,000萬元，之後要辦理退稅更麻煩。所以，賣方太堅持的話，不見得有利。後來，我建議雙方各讓一步，賣方終於同意買方可以不買，把事情「喬」定。

最近兩年，房價高漲，店面增值速度很快，前不久，這個賣方託我幫他賣掉上述這個店面，賣到2億元的高價！所以說，有些事情，誰輸誰贏，其實很難講，如果能用良善的心去多替對方想，說不定有意想不到的好結局。

稅與法簡單講

1. 民法第74條（暴利行為）。
2. 民法第248條（收受定金之效力）。
3. 民法第249條（定金之效力）。

32 共有土地要處分，
注意優先購買權

我曾仲介一案，那是一群在市場賣菜的同業約四十人，由於舊市場拆除，得到政府補貼，於是大家合資，就近買了預售屋，再自行劃成四十格市場攤位，繼續營業。這是土地法中典型的「共用」型態，而每個人仍然有自己個別的所有權狀。

後來，大家年紀都大了，想把攤子收起來，所以想賣掉持分。但偏偏有個人不想賣，因此發生糾紛。雖然民法規定大家必須全部同意才能出售，但是依土地法的規定，只要半數人以上同意，而且合計超過持有半數面積，就可以出售全數的土地；或者，不計人數、但同意賣出的人持有合計超過三分之二以上面積，也視為全數同意賣出。

不想賣屋的第四十人透過律師說，依內政部的解釋，停車格和市場攤位不適用上面的條款。經我研究，我國不動產

相關法規都以登記為生效要件，當初，他們買的住宅並沒有變更登記為市場攤位。所以，這三十九人就寄出存證信函給想法不同的那個同業，依法要求他行使優先購買權，把大家的持分買下來，否則就依法「少數服從多數」。

這麼一來，持反對意見的第四十個人非賣不可，若是不甘不願，別人也可以強制把他那部分賣得的錢提存到法院；除非他想行使優先購買權，可是這樣一來，他就必須買下全部三十九人的持分。

很多炒地皮的人常用土地法依法處分他共有人土地的那一招，有個富人和別人共有土地，持有60%，但他想處分土地時，其他十名共持有40%的土地共有人並不同意。由於這個富人持有部分不到三分之二，不能做主，賣地的事因此「卡」住了，便來找我幫忙。

我建議他，如果想跟他購買土地的投資者有十位，那地主可先各賣出例如1%的持份給他們，把土地變更登記為他們的名字，這麼一來，連他在內，可掌握的人數高達總數二十一人的十一人，不但人數已過半數，面積也過半數，即可合法處分該土地。

稅與法簡單講

1. 民法第819條（應有部分及共有物之處分）。
2. 土地法第34條之1（共有土地之處分及共有人之優先購買權）。

33 ｜ 優先購買權，應用學問大

　　因為附近的大馬路拓寬，甲先生的老家被拆了，政府沒有給徵收補償金。那塊地還沒有分割，也還沒有重劃，所以，即使是住宅區，也不得蓋房子。後來，他在大馬路邊搭蓋臨時的房子自住。他的房子就蓋在我們兩人的共有地上。

　　甲先生在外欠了一屁股債，他的債權人乙，決定拍賣甲的房地。但是那塊地是共有地，又沒有重劃，落得第一拍沒人要，二拍再打8折，也沒人要，等到第三拍再打8折時，乙心想，乾脆由自己承受。因為那是大馬路邊的房子，用這種價格買到是很便宜的，而且地點又適合做生意。如果只是拿拍賣的價金，很不划算。

　　我是那塊地的共有人，甲的房地被拍賣，法院來函通知我有優先購買權。甲出面說，希望由我幫忙買下，所以我也繳錢了。已經看中那間房子的債權人乙，向法院異議。法院

再度來函，這次是說，共有土地者雖可優先購買，但如果這塊地是由甲和我兩人分管，甲在自己分管的那塊地上蓋的房子，我沒有優先購買權。不過，我繳出去的錢是把房子和土地一起買下來的啊。

我研究地政多年，對這個狀況很不服氣，我們沒有分管契約，但對方認為口說無憑。後來我想辦法找出證據，說明甲的共有土地持分和他的建物（房子）面積有所不同，他的房子早已經「蓋過頭」，超過他自己的應有部分，也就是說蓋到我的應有部分上了，也表示我們沒有分管土地。後來乙也沒話好說，只好乖乖收下拍賣的錢。

事實上，優先購買權分為兩種，債權或物權的優先購買權。所謂債權的優先購買權，指的是像當不動產共有人要賣掉持分時，其他共有人擁有的優先購買權，這種優先購買權沒有對抗第三人的效力；也就是說，即使共有人違反規定，沒有去通知其他共有人，就把地賣掉也過戶了，頂多要求損害賠償，也不能要求撤銷對方的購買。

但是物權的優先購買權就不同。例如基地所有權人，在基地上房屋被出售時具有的優先購買權就是物權的優先購買權，那麼如果違反規定沒有通知優先權人，而優先權人又有承買的意願，就可以依法要求購買，不是「損害賠償」賠錢就可以了事。

講起來好像很明確，但實務上出現過千奇百怪的問題，就像我這次的親身經驗。優先購買權是門大學問，應用在不

同個案，都需要好好研究，包括相關的事實以及適用什麼法令，才能有個妥當的處理。

稅與法簡單講

1. 土地法第34條之1（共有物之處分及共有人之優先購買權）。
2. 土地法第104條（基地所有權人之優先購買權）。

34 運用抵押，
借力使力取回土地

有個大姊和她三個弟弟繼承了父親的鄉下農地，四人公同共有那塊地。大姊後來因病過世，由於沒有小孩，母親也早就不在了，所以由姊夫（配偶）和三個弟弟共同繼承大姊的財產，依法應繼分是配偶二分之一，三個兄弟二分之一（也就是每個人各六分之一），所以姊夫分得土地持分的八分之一（大姊的持分本來就只有四分之一），而三個弟弟共分八分之一（每人二十四分之一）。

姊夫是個比較喜歡享受而不愛工作的人，三個小舅子本來就很看不慣，這下自家的部分財產又變成姊夫的，他們感到很嘔，但苦無對策。

後來，姊夫把地出租給某個佃農，佃農也不管那姊夫的公同共有只是八分之一的權利，反正地是公同共有沒有分割，他就占用全部農地種植蘭花，還把種蘭花的所得和自己

的姊夫分享。三個小舅子見狀，氣憤不已，大夥經過一番會商討論，有了靈感，決定來個「借力使力」，想盡辦法也要把姊夫的持分拿回來。

他們先找佃農溝通，提議說要把地賣給他，其實知道佃農根本沒那麼多錢買地，而事實上，如果要把這塊大家共有的土地賣掉，依法三個弟弟的持分合計超過三分之二，依法可以自行處分，但如果沒有得到姊夫的同意，就必須把屬於他持分的錢提存到法院。

他們跟佃農談好以1,000萬元把全部農地賣給佃農，佃農先給付125萬元現金（三兄弟借給佃農），以供向法院提存給姊夫，結欠的錢，以設定抵押擔保1,100萬元，加計利息，為期2年。同時，他們另與佃農私下約定，2年後保留用1,000萬元買回的權利。條件不錯，佃農很高興地接受了。

結果，姊夫跳出來說自己有優先購買權，因為他們在賣農地給佃農的時候，沒有用書面通知他，而是直接把他那部分的錢125萬元提存到法院，所以主張小舅子與佃農之間移轉行為無效，並揚言要塗銷他們的買賣登記。

但這是不可能的。土地法規定的「優先購買權」並非保全土地的萬靈丹，因為土地共有人所擁有的優先購買權是債權的效力，與基地優先購買權具物權效力不同，如果土地都已經完成移轉登記給他人的手續，就只能以賠償損害的方式處理。

2年後，三兄弟與佃農協商，把農地買回來，但是這筆

土地價格已經上漲兩成，佃農居然想要抬高售價，否則就不讓三兄弟買回去。最後協商不成，他們一起來找我諮詢。

我了解情況之後，先跟佃農說明，既然三兄弟在立買賣契約時，已經保留買回的權利，就可以用1,000萬元買回農地，相對地，佃農也有義務把地賣回給他們。

我另外也跟三兄弟說，他們因為不知情的佃農得以保全家產，應該給一點補償。雙方經過我分別協調之後，三兄弟願意再付給佃農50萬元，佃農也樂得接受。三兄弟就這樣「借力使力」，讓不愛工作的姊夫得到教訓，也保全自家的祖產。

稅與法簡單講

1. 民法第379條（買回之要件）。
2. 民法第383條（原買受人之義務及責任）。
3. 民法第1138條（法定繼承人及其順序）。
4. 民法第1144條（配偶之應繼分）。
5. 土地法第34條之1（共有土地之處分）。
6. 土地法第104條（基地之優先購買權）。

35 | 法拍取得不動產，未登記也有效

甲、乙、丙三兄弟共有一塊500坪的土地，鄰近大馬路，市價不低。不過，甲這個老哥好吃懶做又愛賭，把屬於自己的三分之一土地應有部分的持分拿去貸款。但還錢時間到了，他還不出來，只好裝傻。債權人於是告到法院要拍賣這筆土地。但這筆土地是共有土地，所有權人有三個人，不好賣，一拍和二拍都流標；價格一拍打8折，二拍再8折，還是沒人買。

甲原本以為這樣就沒事，繼續來個相應不理。債權人看到沒人買，打算用底標承受，於是法院通知土地共有人是否行使優先購買權，而且要依規定在10天內表明。甲知道之後，很緊張，因為他住在土地上的老房子，要是土地被買走，他連住的地方也沒了。

甲十萬火急地打電話給大弟乙，哀求他伸出援手，還

說那土地是祖產，絕對不能被賣掉。乙在日本做生意，頗有資產。乙想，大家都是兄弟，哥哥既然有困難，他也應該幫忙，就繳足價金買下土地。法院民事執行處讓兄弟兩人自己去點交土地，也發了一份權利移轉證明書給乙。

照理說，乙應該拿這份權利移轉證明到地政事務所辦理土地登記，將土地過戶到自己名下。不過，他的老哥甲在法院執行這段期間，受到很大的刺激，人中風住院，還把所有權狀緊緊帶在身上，也不繳回給法院，法院於是公告作廢。乙看到老哥這樣，也不想再刺激他，想說依法有權利移轉證明的話，土地就是他的了，就決定暫時不去辦理土地移轉登記。

乙在回日本前，把老哥房子以外的土地出租給A，拿到5年的支票。A用這塊地蓋廢紙回收廠，有一天因為失火，全部燒為平地，人也受重傷，就未再經營，支票也跳票了。

後來，甲去世，甲的兒子申報遺產稅時沒有申報這筆土地，但國稅局依財產清冊，仍然將這筆土地納入遺產課稅，而且加處罰鍰。承辦人員說，土地以登記為準，因此土地所有權人仍然是甲。

可是，法律明定，受到法院拍賣的不動產，買受人從領到執行法院所發的權利移轉證書當天起，就取得這筆不動產的所有權，債權人承受債務人的不動產者也一樣，不受民法規定「非經登記不生效力」的限制。

只不過，民法另外規定，因為法院判決、強制執行等原

因而在登記之前就取得的不動產物權，如果沒有經過登記，就不得處分該權利。所以，要賣地或設定抵押時，得先去登記，這一點千萬不能輕忽。

　　後來，甲的兒子拜託在日本的叔叔乙提供權利移轉證明，國稅局同意不把那筆土地納入遺產課稅，才解決問題。

稅與法簡單講

1. 民法第758條（物權生效要件主義）。
2. 民法第759條（宣示登記——相對登記主義）。
3. 土地法第43條（土地登記之公信力）。
4. 強制執行法第98條（領得權利移轉證書之效力）。
5. 強制執行法第101條（拒交書據之處置）。

36 典權沒登記，悔不當初

依民法去設定典權的人，有很多是因為在繼承不動產以後，怕賣掉它會被認為是「敗家子」，所以利用設定「典權」的方式，取得現金周轉，等將來有錢再去贖回。

中部的農家曾有這麼一段故事：甲和乙兄弟兩人繼承一塊地，各有一半持分。後來，甲去世，他的持分由兩個兒子A和B繼承。所以，這塊地最後變成是乙和他的姪子A與B，三人共同持有。

1959年八七水災，中部的房子淹水。隔年初，A看到大家對房子有需求，便想賣地換資金，剛好，有個鄰居對這塊地很有興趣，A也很心動。

不過，A如果把祖產賣掉，恐怕引起鄰里議論；而且，那是一塊三個人共有分管的地，並沒有切割；再加上這塊地就在甲住的房子後面，如果被鄰居買去，甲也怕會壞了風

水。

　　但話說回來，乙跟B兩人其實也沒有錢可以買A的持分，唯一有些資力的是乙的堂哥丙，這時候，有人出面建議，可以用「典權」來解決問題。

　　乙和B同意，讓A將其持有的二分地以出典方式換取現金，典價2萬元，設定給丙。不過，丙預期土地會漲價，但錢說不定會貶值，所以雙方決定把金額折合稻穀來計算，這種方式保住了地，也不會讓A將來贖地時吃虧。

　　乙和B要A和丙去找代書辦這件事，代書卻沒有到地政事務所辦登記，但典權是要登記才能發生效力的，只不過，大家認為都是自己人，不用這麼麻煩，代書沒去登記反而省下登記費和代書費。

　　7年後，丙過世了，他的兒子D依法繼承這個權利，想到父親之前買農地的貸款還沒還完，腦筋就動到這債權上頭。那時稻穀漲價了，當年相同重量的稻穀約值2.4萬元。雖然，D聽說典權依法可以讓與給別人，不過D也不好意思這樣做，因此決定開口請A贖回。

　　沒想到，A並不想把地贖回，還指稱當初根本沒有講好「回贖年限」。唉，他們當初除了沒辦典權登記，契約也沒寫「回贖年限」，錯了兩次。

　　15年後，A病危，他的弟弟B要他趕快解決借錢（典權）的問題，最後A願意用3倍的價錢贖回。這時候，D不禁埋怨，以父親丙的資力，如果當年直接買斷土地，別用什麼

「典權」就好了，原因是土地價格飛漲，新台幣也升值。

回過頭看，其實他們當初如果有去登記，也設定期限，典權屆滿後2年，出典人A如果不回贖，典權人就可以取得典物的所有權；如果沒有寫回贖年限，典權滿30年，也有同樣效果。

讓D更嘔的是，這塊農地後來變成80米寬的大馬路，加上附近又蓋了一座棒球場，土地價值漲了又漲；地愈漲，他就愈嘔。

 稅與法簡單講

1. 民法第758條（物權登記生效要件主義）。
2. 民法第917條（典權之讓與）。
3. 民法第923條（定期典權之回贖）。
4. 民法第924條（未定期典權之回贖）。
5. 土地法第34條之1（共有物之處分及共有人之優先購買權）。

37 | 土地協議分割破局，
由法官判決

有一位老伯，有兩個兒子。1964年，他買了一塊地，因為覺得年紀大了，依我的建議，以兩個兒子的名義去登記分別共有。那個年代，還不用課贈與稅。土地就大約分成左、右兩半，兩個兒子各擁有一半。

老伯在80多歲時，又要我幫忙寫一份書面的分割協議書，把靠馬路的半邊土地劃分給大兒子，裡邊比較肥沃的土地就給小兒子，因為小兒子比較乖，願意種田。我還特別在大兒子那塊地，劃出一條汽車可以通行的道路，給小兒子進出使用。

那天，我記得剛好是農曆9月9日重陽節，由老伯和兩個兒子與我做為見證，四個人在協議書上具名，押上日期。隔年，老伯就過世了。

20多年過去了，2003年在一個土地公廟旁的吃飯場合，

那個小兒子跑來找我，說他打算賣地，但是哥哥反對，指出分割協議的請求時效是15年，時間早就已經過了，所以拒絕分割土地。

原來，哥哥計較他的土地因讓出一條路，所以面積比弟弟的小，要求弟弟買下那條通行的道路，弟弟不肯。哥哥又提議弟弟乾脆付5年租金給他（租金的請求權消滅時效是5年），弟弟還是不肯。哥哥因此惱羞成怒，用圍籬把路堵起來，讓弟弟不能開車經過那條路。

面對他們，我覺得大家都認識那麼久了，這個忙應該繼續幫下去。後來，我找出民法規定，即使土地因為分割而導致有部分土地沒辦法和公路相通的話，也就是「袋地」，靠馬路的土地所有人仍然必須讓出一條通行路。不過，哥哥主張說他已經讓出一條可以走路或騎車的小路，只不過不是可以開車的大路。

兄弟有心結，我夾在中間難處理，只能用法律解決了。法律上，分割的情形有兩種，一種是由大家協議分割，另一種則是請求法院分割。很多人以為在他們已經協議分割的情形下，不能再去請求協議分割，事實不然，在某些情況下仍然可以。

雖然哥哥用時效抗辯說不能再照分割協議分割，但根據實務見解，如果超過請求時效又不能跟哥哥協議時，弟弟可以另外聲請法院判決，重新分割土地。

法院判決的結果讓哥哥傻眼，法官重新分割那塊土地，

把它分成前、後兩塊，從原來的直切變成橫切，讓兩個人的土地都臨馬路。原來是哥哥自己一直強調以前的分割協議「失效」，法官就順勢「聽進去」，重新分配，以「杜絕後患」。

　　我想提醒的是，土地共有人若依照協議分割土地，一定要辦理分割登記，並留意時效問題；要是分割協議不成，可以請法院來判。這件事，小兒子因福得福。

 稅與法簡單講

　1. 民法第125條（一般時效期間）。
　2. 民法第126條（五年之短期時效期間）。
　3. 民法第758條（物權登記生效要件主義）。
　4. 民法第789條（通行權之限制）。
　5. 民法第823條（共有物之分割與限制）。
　6. 民法第824條（共有物分割之方法）。

38 | 房地登記不同人，
　　 曾是護產妙招

在1978年12月，美國和台灣斷交，搞得人心惶惶，大家都想移民，導致房地產慘跌。不過，我選擇逆向操作，當別人急著賣房子，我趁這機會把25坪的小屋換成60坪的大宅，如願撿到便宜貨。我心想，即使最糟的情況發生，屆時每個人的財產同樣歸零，即使有房屋貸款也不必還了，況且台灣發生危險的機率應該不高，就賭一賭吧。

從那時候起，我開始研究土地法規，發現：房地產要賣的時候，如果只賣土地，地上物的所有權人依法有優先購買權。我如法炮製，也告訴一些在做生意的朋友，建議他們買地時，土地登記自己名下，但房子就登記在太太名下，假設以後在事業上發生問題，土地要被拍賣，太太就可以用同樣條件（價格），優先購買那筆土地，把風險降到最低。

這個投資房地產的方法，我屢試不爽，感覺上很有保

障，因此我受邀演講時都不忘記分享這個經驗。那時候，台北市的土地價格相對較高，房屋價格則相對較低。以我的方法，當土地和房子一起被拍賣時，由於是不同的所有權人，土地的價格會被拉低，而且如果只有購買土地，房子不能點交，未來只收地租很不划算，這樣土地價格自然下跌，買家出手的意願就會降低。換句話說，看到土地和房屋的所有權人不同時，買家都不免卻步，結果就是賣不出去。

由於我研究出法令「有機可趁」的部分，一般民眾或會計師、律師和地政士等業者，都很喜歡聽我的演講。但是，言多必失，某次有人在台下舉手問我，說我的做法可能影響到債權人的權益，還提及他認為這應該是法律規範的不足等等。後來我才知道是官員派人來了解。

果然，內政部開始研究「公寓大廈管理條例」，規定屬於公寓大廈所規範的土地和房屋不得分別賣給不同的人，就把我的方法給「防堵」住了。

不過，上面的方法是「護產」，我經辦某股市聞人的遺產稅案件，發現他「增產」的妙招，他利用：一、共有土地或建物時，共有人出賣其應有部分，其他共有人得以同一價格優先購買；二、基地出賣時，地上權人、承租人可用同樣條件優先購買土地，而房屋出賣時，基地所有權人亦同。三、耕地出賣時，承租人可依同樣條件優先購買；四、專找法院拍賣屋。該股市聞人運用上述種種方法，在全台灣擁有共500多筆土地和房屋。

　　這位股市聞人的所有權狀之多，堆起來有一個人高，他的一位繼承人曾經要我租車全台走透透去看這些房地產，我開玩笑：「應該開直昇機去看才對！」震撼之外，他的致富方法也實在值得學習。

稅與法簡單講

1. 土地法第34條之1（共有土地之處分及共有人之優先購買權）。
2. 土地法第104條（基地之優先購買權）。
3. 土地法第107條（承租人之優先承買權或承典權）。
4. 公寓大廈管理條例第4條（建築物與基地所有權或地上權不得分離移轉或設定負擔）。

生活稅務與法律

第三部

39 幫小孩買股票，課稅大不同

小明的外婆和媽媽，替他在證券公司開戶，購買上市公司股票。外婆和媽媽的動作，剛好在不同年度被國稅局的不同人員查到。國稅局說，媽媽要補稅，外婆則要連補帶罰。但明明是同樣的事，怎麼會有「差別待遇」呢？

國稅局首先查到小明的財產資料裡，多了一些上市公司股票，但他還未成年，因此再查下去之後，稅務員甲認定是「媽媽幫小明買股票」，就依「贈與論」，也就是「視同贈與」，通知媽媽在10天內補報贈與稅，否則連補帶罰。

隔年，外婆也被國稅局找上了，稅務員乙說，外婆有贈與現金給孫子的事實，補稅之外，還要處罰鍰。外婆納悶，同樣的情形，先前女兒只被要求補稅，她卻補稅外還要被加處罰鍰，很不公平。

稅務員乙的邏輯是，這件事情是外婆先把錢轉到小明的

存款戶頭，小明再把錢拿去買股票，所以，外婆是贈與小明現金，不是股票。

後來，我向法官說明，把這件事拆解成兩個動作並不合理。為了幫未成年子女買上市（櫃）公司股票，除了在證券公司開證券戶外，一定還要在該證券商所指定配合的銀行開立交割帳戶，才能下單買股，下單後需在3天內匯款，才能交割。

所以，這件事不應該只看把錢存進去銀行戶頭的行為，應該綜合看整個交易過程，就會發現這是外婆拿錢幫小明購置上市公司股票。法官想想，覺得我說的有理。

不過，假設媽媽和外婆都是把錢轉到小明戶頭很久以後，才由小明自己去下單買股票，就很難說是外婆和媽媽幫小明買股票了。

大家都知道，贈與要課稅，但很多人不知道，遺贈稅法當中，所謂「贈與」及「以贈與論」的區別。

「以贈與論」，就是只要有財產移動的事實，就會被認定是贈與。實務上也發展出一個規定，就是在這種情形時，要通知並給贈與人10天補報的時間，就可以只補稅，不用處以罰鍰，但通知後過了10天還是沒有報，會被連補帶罰。

另外，如果媽媽和外婆幫小明買的是未上市（櫃）股票，那就另當別論了，因為購買未上市（櫃）公司股票不必透過證券公司的戶頭以及銀行交割帳戶的方式進行，可以直接把錢給賣股票的人。

　　在這種情況下，即使只是把錢存到小明的戶頭，再由小明自己去購買股票，很有可能還是會被認為是贈與現金，外婆和媽媽如果沒有主動申報贈與稅，那除了要補稅外，也會被處以罰鍰。

稅與法簡單講

1. 遺產及贈與稅法第4條（贈與之定義——贈與）。
2. 遺產及贈與稅法第5條（視同贈與）。

40 | 當個包租公，報稅有撇步

房東甲小姐把店面租給乙先生做生意。有天，乙先生決定不再營業，要提前退租，甲小姐要求他多給1個月租金做為違約金，這是實務上常見的做法，乙先生當然同意照辦。這筆違約金要列入甲小姐的「其他所得」，課綜合所得稅。

另外，因為乙先生把店面弄得很花俏，甲小姐也要求乙先生把房子恢復原狀。乙先生盤算，這筆花費可能數目不小，乾脆跟甲小姐寫個書面協議，付80萬元做為回復原狀的損害賠償，讓甲小姐自己去處理就好。

後來，國稅局查到房東甲小姐漏報80萬元的「其他所得」，要求她補稅。

一般來說，如果甲對乙造成損害，付給乙的損害賠償金，依民法可以分為填補「所受損害」與「所失利益」；而

所得稅法將兩者區分，在填補損害的範圍以內，乙可以不列入所得，但「所失利益」就不行了，例如，承租人（房客）提前兩個月退租，但出租人（房東）暫時租不出去，而不能如期收到的兩個月租金，房客答應全額賠償房東。

問題來了，有時候這兩種賠償可能混合在一起，但如果雙方有訴訟，不管是讓法官判決，或者在法官面前自行和解，還比較容易區分損害賠償額。但像甲小姐和乙先生沒有打官司，就難以舉證。

當然，就算甲小姐這筆收入被認為是「其他所得」，也可以減除成本、必要費用後再來計稅（例如原來房客損壞的地板、天花板等修復費用），但幫甲小姐進行店面復原的工人也沒有給她發票、收據，不能拿來證明成本、費用，只能吃悶虧。

事實上，在提前終止契約、破壞原屋況而拿到的損害賠償金，都很難計算成本和費用，而且還要檢附費用證明文件或單據才可以扣除（限於修理費用），更是難上加難。

不少房東都遇過類似情況，擁有一樓黃金店面，涉及的金額不小，如果房客又是公司，就可能發生，明明是給付房屋回復原狀的損害賠償金，卻為了列為公司費用仍然發寄扣繳憑單給房東。此時，就可能發生像甲小姐遇到的情形。

不過，如果是房屋租金所得，房東可以提供證明文件，減除必要費用；即使沒有單據，也可以依照固定比率43%（根據財政部訂定的標準），當成必要費用來扣抵租金，方

便得多。這也就是關鍵了。如果乙先生是給付「租金」而不是「損害賠償」的方式給甲小姐，課稅效果就大不同。換句話說，如果是多付1個月的「租金」，就能按43%計算必要費用的便利，不用為了檢附證明文件去東找西湊。

甲小姐也問過我的意見。我查到財政部1985年關於房客被迫搬出時補償費的解釋令：個人被迫搬出非自有房屋、土地而拿到的（非政府徵收的）補償費，應該依所得稅法第14條規定，減除成本、必要費用後，再計算綜合所得稅，但這種情形也無法檢具什麼資料來證明損害程度，所以可以依照補償費收入的50%來申報所得課稅。

國稅局因為甲小姐自房客拿到損害賠償，所以列入「其他所得」課稅，並不是沒有道理，但若甲小姐必須舉證80萬元裡哪些部分是房屋受到損害的賠償（所受損害），不然可能要全額課稅，對她來說，也有點強人所難，特別是有的房東雖然看到房屋有破損，卻決定暫時先不修理，而有的房東，卻可能趁這機會好好整修翻新，那不能說前者就沒有受到損害，而後者的花費要區分回復原狀與翻新部分也有所困難。參考民法將損害賠償分為「所受損害」與「所失利益」，再參考財政部的解釋令，我認為，其實可以比照辦理，把所有的違約金、賠償金直接扣除50%成本，剩下50%再計入「其他所得」課稅，不僅便利徵納雙方，對房東也較公平。

 活用稅務與法律

 稅與法簡單講

1. 民法第213條（損害賠償之方法──回復原狀）。

2. 民法第216條（法定損害賠償範圍）。

3. 所得稅法第14條（個人綜合所得稅各類所得）。

4. （各年度）財產租賃必要損耗及費用標準。

5. 財政部1985年5月6日台財稅字第15543號函釋。

41 | 留意離婚四大稅

　　幾年前，有個太太與她先生因為判決離婚，法官判先生要給她200萬元的贍養費。原因是，她屬於離婚無過失卻因此陷入生活困難的一方，所以，先生應該要給太太贍養費，而且他也算有錢。

　　沒有料到，她先生給了錢之後，也許心有不甘，竟然馬上寄一封信「嗆」她要記得去繳40％的所得稅。「怎麼一次要繳這麼多稅呢？」畢竟，這筆贍養費是她往後的生活費，一下子就去掉40％，那法官判給她200萬元還有意義嗎？

　　這個太太愈想這事就愈不舒服，有天，她特地來聽我演講，問我有沒有什麼節稅的方法可以教她。當時是2002年6月初，是她和先生離婚的第2個月。

　　世界上就是有這麼巧的事。以前，這種情形確實會被課徵綜合所得稅，但在同年4月24日，財政部剛好發布解釋

令，贍養費（依離婚協議或法院判決配偶之一方應給予他方之財產）不會再被課綜所稅。由於財政部早一步修改不合時宜的法令。這位太太的問題也迎刃而解。

但問題來了，如果贍養費不用課綜合所得稅，那變成要課贈與稅嗎？換句話說，拿錢的人沒事了，是否換成給錢的人有事？關鍵就在於對方給贍養費的理由，像案例中這個太太的情況，由法官判決離婚並判決應給予贍養費，屬於強制性，或者，在離婚協議書中（在婚姻存在時）就寫好要給贍養費，就都不算是要課徵贈與稅的「贈與」。

不過，如果雙方在離婚後才出現「案外案」，比如，離婚後，男方才因為同情女方生活辛苦，願意給贍養費，那麼說不定就會有「贈與」的問題。

另外，跟離婚有關的財產移轉，還有「夫妻剩餘財產差額請求權」或者單純於離婚前給予部分財產（贈與）的問題，由於大多跟存款、現金和土地、房屋有關，所以牽涉契稅和土地增值稅的問題。契稅、土增稅，再加上前面提到的所得稅、贈與稅，我統稱為「離婚四大稅」。

實務上，如果只是因為要離婚而為贈與（也就是不是贍養費也不是夫妻財產差額分配請求權），只要是在婚姻存續期間所做的，不課徵贈與稅，而移轉土地的土地增值稅也可以申請先不繳稅，不過，房屋移轉所產生的契稅就必須繳納了。但如果是基於差額財產分配請求，而請求房屋和土地，在這種情形下，房屋雖然不用繳契稅，但土地增值稅必須繳

納。

　　另外，如果在2年的剩餘財產差額分配請求權的權利期間後，才發現對方的財產很多，要求對方給予房子或土地，因為已經沒有夫妻關係，贈與稅、契稅和土地增值稅都要繳。

　　離婚的人，若能注意這些小細節，就不會被多課「四大稅」了。

稅與法簡單講

1. 民法第1056條（損害賠償）。
2. 民法第1057條（贍養費）。
3. 土地法第28條之2（配偶贈與土地免徵）。
4. 契稅條例第2條（課徵契稅之法律或事實行為）。
5. 財政部2000年12月14日台財稅字第0890456320號函釋。
6. 財政部2002年4月24日台財稅字第0910451253號函釋。

42 | 立法保護她，反而害了她

法律制定需要考慮的層面很多，而凡事總是有利就有弊。有時候，立法本意是想要保護某些族群，結果可能反而會害了他們。

1996年10月，民法親屬篇夫妻財產制修正草案公聽會上，當時的法務部長是主持人，現場還有法官、立委等等，我也應邀出席。有婦女團體當時主張，夫妻在婚後擁有的財產，要變賣時應該先經對方同意，否則處分財產無效。聽完之後，我說，婦女團體的主張是想保護在家庭中弱勢的婦女，怕沒良心的先生把房子賣掉，讓太太沒得住，出發點良善，但這是少數案例，我反對這樣修法。

我會如此「放砲」，自有理由。當年的勞基法，站在保護女性勞工的立場，規定男子每月加班時數不能超過46小時，女子則不得超過24小時，所以，財政部也從善如流，規

定免稅的加班費以同樣時數辦理，超過的部分則要課稅，但是這變成：付出同樣的加班工時，女子卻要比男子多繳稅。好的立法精神，卻帶來不好的立法結果。

訂定法律除了考慮保護弱勢團體外，也要考量到人性。一般來說，男人通常比較會「想東想西」，如果法律規定夫妻變賣婚後的財產須經另一方同意，這樣對太太不見得有利。試想，萬一丈夫離家，完全不理妻小，家庭經濟陷入困境，那妻子想要抵押或變賣名下的房子換取現金時，沒有丈夫的同意，不是很困擾嗎？

此外，所謂未經另一半同意的財產處分「無效」，當初的立法若是「自始無效」，這會造成嚴重的後果，因為有人可以盜刻、盜用印章，買方（第三人）並不知情，不然就是夫妻看到變賣後的房子漲價，兩人便心懷不軌地串通好，說是印章遭到另一半盜用，所以先前的變賣行為無效，這無疑影響交易秩序、交易安全。

所以說，如果規定夫妻變賣婚後財產須經對方同意，理論上很好，但實務上難做，勢必糾紛不斷。現在，修正後施行的民法親屬篇夫妻財產制部分，就沒有納入上述這種規定。道理很簡單，當你想要卡住別人，反而卡住自己；不給別人生路，等於切斷自己活路。

同樣的，為了避免「歧視女性」，達到「男女平等」，勞基法也在2002年12月25日修正，勞工每個月加班時數不得超過46小時，男女皆同，所以財政部的加班費免稅規定也跟

著改。

所以我認為，法律的制訂，應該經過慎重的程序，廣納各界意見，才能面面俱到，不要造成「保護她反而是害了她」的結果，畢竟修法要經過三讀程序，不是說改就可以立刻改的。政府為了保護新興產業的租稅優惠政策，過與不及，其中的利弊得失，不妨也可以從這個角度去思考。

 稅與法簡單講

1. 勞動基準法第32條。

43 | 夫妻財產制，
法律規定有玄機

$\mathbf{我}$有一個朋友，只有高中畢業，在公司當採購，開的是積架跑車，但他怕外人知道，很多財產都以太太的名字買。有次，他來聽我演講。我提到一個故事：有個大男人每次喝酒回家，都裝成醉茫茫，直接倒在床上，由太太脫鞋脫襪，還幫雙腳泡熱水，舒服得不得了。朋友心喜，回家後也如法炮製。

我朋友覺得我演講很有趣，也鼓勵他太太去聽我演講。果真，他太太來聽我談一場有關夫妻財產的題目，那時是1996年底。我說，1985年6月4日前結婚的老夫老妻，在那一天以前取得的財產，先生名下的財產當然是先生的，但太太名下的財產也是先生的，不過，民法（親屬編施行法）在1996年修改，若是登記在太太名下的不動產，先生必須在1997年9月26日前主張是他的，否則就歸屬太太所有。

我提醒在場婦女：「在這個時間之前，妳們應該對先生更溫柔，等9月27日就過關了！」同時，我也吩咐在場男性：「到時候，千萬記得要主張太太的不動產是自己的啊。」

　　因此，那朋友的太太「忍」到9月26日。當天午夜，朋友打電話給我，直說太太的行為很奇怪，以前都會高興地幫他開門，服侍他卸下鞋、襪，幫他準備泡腳水，但今天卻故意用熱水燙他的腳，還不讓他進房門；而且房門上貼著一張紙，上面寫：「本夫某某某經常酗酒，逾時返家，本應開除夫籍，姑念多年夫妻感情，僅留家察看，以儆效尤。」

　　看看牆上的時間，已過午夜12點，日期是9月27日，我告訴朋友，什麼也來不及了。跟他一聊，我才知道，原來那天他沒來聽我講夫妻財產。

　　後來，這對夫妻因故不和。朋友很沮喪地來找我，我只好「死馬當活馬醫」。我請他查出太太名下的股票價值，共計3,000萬至4,000萬，便接著找他太太「曉以大義」。我說，依法論法，「不動產」是太太的沒錯，但在1985年6月4日以前登記在太太名下的「股票」（不是繼承或無償取得的），屬於「動產」，依當時法律規定可就是先生的了；而且就算想要把股票過戶，她先生也可以聲請假扣押。我順勢當和事佬，他們終於達成和解。

　　上面的例子和平收場當然是很好，可是，就女性的立場來看，1996年的修法，雖然把「你的是你的，我的也是你

的」情況，把不動產的部分改為「你的是你的，但我的還是我的」，但是股票等動產部分並沒有一併修正，還存在不公平的情形，很多太太的動產，因為沒法證明是自己的原有財產，只能被認定為先生所有。此外，婚後在1985年6月4日以前取得的財產，也不能做為剩餘財產分配請求權的標的。

幸好，2006年12月司法院大法官第620號解釋，把這個限制打破了，不管是1985年6月4日之前或之後取得的財產，都在剩餘財產差額分配請求權的計算範圍。

稅與法簡單講

1. 民法親屬編施行法第6條之1（聯合財產制之適用）。
2. 民法親屬編施行法第6條之2（婚前財產與婚後財產）。
3. 司法院大法官會議解釋第620號。

44 | 分別財產制，
不怕配偶債台高築

　　上次談到，目前法律規定，夫妻財產差額分配請求權已改為「不具專屬性」，所以債權人可以代為行使。內容一登出來，我連續一週幾乎天天接到詢問電話，全都是別人的太太打來的，說她們沒有安全感，不知道先生有沒有在外面欠債，想問我預防之道。

　　來電詢問的讀者，除了已婚婦女，也有還沒結婚但即將結婚、經濟獨立的未婚女子，都緊張兮兮。我建議未婚者可以先寫下財產清單，把婚前的財產記錄清楚，並留下證據，再去法院登記為分別財產制或共同財產制。

　　態度保守的話，最好是採約定分別財產制。法定財產制在某種程度來說雖然也是一種分別財產制，夫妻都只對各自的債務付清償責任，問題是，如果適用法定財產制，就有夫妻財產差額分配請求權的問題，萬一先生在外債台高築，太

太又很有經濟能力，就可能發生先生的債權人向離婚太太請求財產差額的情況。如果是適用約定的分別財產制，不但夫妻彼此的財產分得很清楚，也沒有夫妻財產差額分配請求權的問題。

適用約定的分別財產制有兩個重點：一定要有書面，而且一定要登記才能對抗第三人，不然這種約定就只在夫妻之間有效。

依法夫妻在結婚前或結婚後都可以約定夫妻財產制，但結婚前可能覺得還沒步入禮堂，就先談好要用分別財產制，有點不好意思，所以直接適用法定財產制。但也一定要寫財產清單，留下原本購買財產的證據，以保住婚前財產。舉例說，把婚前的房子賣掉，所得資金拿去買股票，這些股票可能就被以為是婚後的財產；有了財產清單，比較容易舉證是婚前的財產，不致成為差額請求的標的。

婚後如果有機會重新約定財產契約，把法定財產制改為約定分別財產制，5年後就安全了，因為夫妻財產差額分配請求權的時效最長是5年。

另外，夫妻財產制還有第三種方式，是約定的共同財產制，這個制度有所謂的「特有財產」，包括贈與或是職業上必要的謀生工具，甚至專屬個人使用的東西，都屬於「特有財產」，不必算在共同財產當中。但在贈與一項，贈與人必須以書面聲明是給受贈人的特有財產才算數。

不過，在共同財產制下，夫妻婚前或婚後的債務，法

律規定都要由共同財產甚至各自的特有財產來償還，是個缺點。

　　總結來說，只有共同財產制才會發生「法律上」夫債妻還或妻債夫還的情況；分別財產制或法定財產制，在法律上就沒有這樣規定。不過，法定財產制有差額請求的問題，可能還是會發生夫債妻還或妻債夫還的情況。

 稅與法簡單講

1. 民法第1004條（夫妻財產制契約之訂立——約定財產制之選擇）。
2. 民法第1005條（法定財產制之適用）。
3. 民法第1007條（夫妻財產制契約之要件——要式契約）。
4. 民法第1008條（夫妻財產制契約之要件——契約之登記）。
5. 民法第1017條（法定財產制——婚前財產與婚後財產）。
6. 民法第1030條之1（夫妻財產差額分配請求權）。
7. 民法第1031條（共同財產之定義）。
8. 民法第1031條之1（特有財產之範圍及準用規定）。
9. 民法第1044條（分別財產制之意義）。

45 對方賴帳，
房子過戶仍可塗銷

在15年前，張三好心把錢借給朋友李四，沒想到李四竟然耍賴不還錢。於是，張三氣得跑到法院告債務償還，但是他沒有這方面的經驗，不知道在強制執行之前最好要先聲請假扣押李四的財產，因此讓李四有多的時間先把房子贈與給太太。

這個案子經我調查發現，李四的房子是在1984年間用太太的名義買的，而依當年的民法，即使是太太名下的財產（包括動產、不動產）仍然屬於先生的。

李四雖然有申報贈與稅，但卻忽略當時的規定，沒有把太太名下的房子先更名為自己所有，接著再把房子贈與給太太。依當時的法律以及實務見解，太太的房子必須先過戶登記給先生，再由先生贈與給太太，否則贈與不發生效力。

李四覺得納悶，抗辯說那個房子本來就是用太太名義購

買，又何必多此一舉，把房子更名為他自己的，再送給太太呢？沒辦法，當時法律規定就是如此。後來，法院判決，李四的贈與不發生效力。

我打個比方，就像男女雙方結婚時，一切合乎形式要件，但沒有辦結婚登記，可是未來如果兩願離婚，也不能因此就便宜行事，還是必須一起去補辦結婚登記，再向戶政機關辦離婚登記，才生效。

事後，李四去請教律師，律師告訴李四，民法規定，如果用上面這種方式賴帳的話，會妨礙債權行使，所以即使贈與有效，債主仍然可以聲請撤銷贈與，因此，李四把房子移轉給太太，不能無償贈與，必須是真的有買賣，而且有確實的資金流程，還不能以顯不相當的價格進行買賣。

類似的事件，發生在債權人某乙身上。曾有某甲為了避債，把房子直接過戶給「人頭」，使得某乙扣押不到財產，也強制執行不到。後來，某乙委託我調查，發現某甲並沒有真的把房子賣給第三者，連訂金都沒有付過，所以其實是虛偽的買賣。

因此，債權人某乙打算去告確認某甲和「人頭」兩人間的買賣關係不存在。事實上，他們是為了規避他人討債，而「通謀虛偽意思表示」，所以他們的「意思表示」是無效的，而且他們也無法舉證資金流程。可是這樣還不夠，因為只告確認買賣關係不存在的話，房子仍然登記在「人頭」名下，因此我教某乙應該一起提起塗銷登記之訴。等到法院判

決下來，地政事務所便依法院判決，塗銷了登記，把房子的所有權回復到某甲名下，債權人某乙因此可以扣押拍賣。

另外，很多人在打這方面的官司時，只想到對方與第三人是假買賣，是無效的（也就是說「通謀虛偽意思表示」無效），卻不知道要同時訴請土地塗銷登記，事實上，即使法院判決確認假買賣無效，地政事務所也不會受理，所以還是必須同時提起民事塗銷登記之訴，才有機會扭轉情勢。過去，有些人以為了解地政事務，卻搞不懂有「塗銷登記」這種事，在爭取權益時慢了一步。

 稅與法簡單講

1. 民法第87條（虛偽意思表示）。
2. 民法第244條（債權人撤銷權）。
3. 民事訴訟法第522條（聲請假扣押之要件）。
4. 民事訴訟法第523條（假扣押之限制）。
5. 1987年4月8日台灣高等法院台中分院(76)廳民一字第1999號民事法律問題座談會。

46 | 運用夫妻財產差額請求權，破解賴債

甲先生和乙太太是一對商界知名的夫妻檔，但是甲的公司營運不善，在外欠了一屁股債，後來更蓄意脫產，把名下財產移轉給乙，讓乙變成名副其實的「貴婦」。結果，甲先生掏空公司的不法行為東窗事發，上了報紙頭版，但夫妻兩人已經捲款逃到國外，讓員工薪水無著落，債權人也追索無門，望眼欲穿。

不過，債權人丙和我聊過之後，一起想到幾個絕地反攻的高招，第一個是因為甲先生明明知道把財產送給乙太太，對債權人丙的權利有害，而且乙太太也知道甲先生的目的，所以他考慮依民法規定，聲請法院撤銷這個贈與行為。

剛好，因為2007年5月25日民法有關夫妻財產差額請求權的規定修正了，我建議丙先將甲先生的財產扣押起來，不能清償時，向法院聲請宣告他們改用分別財產制，或者，依

破產法向法院聲請甲先生破產，和讓甲、乙這對夫妻從法定財產制變成分別財產制。

這麼一來，債權人丙就可代甲行使「夫妻財產差額請求權」，討回甲故意移轉給乙的部分財產清償債務了。

關於夫妻財產差額分配請求權，說來話長。1985年6月4日以前，夫妻財產差額請求權是沒有專屬性的，也就是說這個權利是可以讓與或繼承的；但2002年6月28日之後，這個權利被改為有專屬性，如果有權請求的配偶過世或不請求的話，其他人不可以代位請求。

2007年5月25日以後，又改回最初的規定，夫妻財產請求權已不具專屬性，所以，現在當夫妻法定財產制關係消滅時，不但繼承人可以繼承這個權利，繼續請求，連債權人也可以替夫或妻代位行使夫妻財產差額請求權。

很多人都以為，只有在夫妻一方過世的時候，才有夫妻財產差額分配請求權的問題。其實，夫妻法定財產制消滅有三種原因：離婚、死亡或改為夫妻分別財產制。甲和乙這對夫婦，人好好的活在國外，也沒有辦理離婚，唯一讓他們夫妻法定財產制消滅的方法，就是依法改為夫妻分別財產制。

依法，夫或妻一方受破產宣告時，夫妻財產制就當然成為分別財產制。看來，債權人丙的頭腦很靈光。

另外，夫妻之間依法由法定財產制變成分別財產制，好幾種情況都可適用，比如：夫或妻的財產不足清償債務時、應付家庭生活費用而不付時、不當減少婚後財產而使另一半

的剩餘財產分配請求權受到侵害時、有管理權的人對於共同財產的管理明顯不當且經另一半請求改善而不改善時等。

　　所以說，未來如果有夫妻想透過離婚、放棄夫妻財產差額分配請求權的方式來躲債，只要債權人懂得活用法律，還是可以確保債權。

稅與法簡單講

1. 民法第244條（債權人撤銷權）。
2. 民法第1009條（分別財產制之原因（一）──夫妻一方破產）。
3. 民法第1010條（分別財產制之原因──法院應夫妻一方之聲請而為宣告）。
4. 民法第1011條（分別財產制之原因（三）──債權人之聲請）。
5. 民法第1030條之1（剩餘財產差額分配請求權）。

47 否認親子關係、鑑定DNA時限已延長

有一個70多歲的公司老闆，孩子的身分證母親欄位填的是他配偶的名字，但有部分子女真正的母親其實是老闆的「小老婆」。

這個「小老婆」意外去世，留下土地、存款等財產，但在法律上，她沒有任何子女，世上剛好也沒有其他可以繼承的親人，加上她又不是那老闆合法的配偶，所以變成沒有遺產繼承人的情況。

事實上，這個「小老婆」所擁有的財產，大部分是那老闆給她的，如果沒有人繼承，豈不是要繳給國庫？那老闆很不希望這樣，就來找我談。

早期，有些人的親生父母，跟戶口名簿上登記的父母是不一樣的。如上述，以前有許多子女的生母並不是生父的合法配偶，但因為當初出生登記的規定不嚴格，所以在出生

時，母親的欄位登記的是父親的合法配偶（往往是大房）。如此，就很容易發生上述的情況，即子女真正的母親過世，卻沒有人繼承的情況。

上面的例子，看起來很複雜，其實很簡單。如果那位老闆和「小老婆」曾經於1985年6月4日以前舉行合法的結婚儀式，依以前的法律，沒有重婚問題，所以「小老婆」就是他的配偶，他便是理所當然的繼承人。

如果兩人不是合法的夫妻關係，又想圓滿解決遺產問題，那麼老闆的「大老婆」可以去提親子否認之訴，透過DNA鑑定，證明她小孩的生母是「小老婆」。關於這點，在過去提起親子否認之訴必須在知道子女「出生」後的1年內進行，而且只有夫妻間才能提起，身為當事人的子女不能提訴否認。但從2007年5月25日起，只要DNA鑑定無誤，不但就夫妻間提起訴訟的時限放寬為「知悉」其為非婚生子女後的2年，子女本身也可以提起否認之訴，甚至即使子女在未成年時就知道自己非親生，還可以在成年後2年內提起。

其實，對老闆的合法配偶（大房）來說，可能也不希望自己去世後，竟有非親生子女來分產。如果用上面的方法沒辦法解決，不然，合法配偶也可以先寫遺書，把大多數的財產在不違反特留分規定範圍內，留給她想給的對象。

　　目前，較年長的企業家，還是存在不少把非婚生子女登記成婚生子女的例子；另外，也有許多人是因為其他原因導致親生父母和登記的父母不同的情形，在民法修正之後，相信可以解決不少問題。

稅與法簡單講

　1. 民法第12條（成年時期）。

　2. 民法第1063條（婚生子女之推定與否認）。

　3. 民法第1223條（特留分）。

48 收養條件已經放寬

有對夫妻結婚十多年一直不孕，費了九牛二虎之力，終於生下一個女兒。後來，先生不幸過世。沒有兒子，美中不足，所以這個太太就收養她妹妹所生的兒子，也就是外甥，當養子。

那是1985年的事。1985年6月4日之前，收養不必經過法院認可，只要書面寫好，辦妥戶籍登記就可以。

收養之後，養子的姓也跟著改。只是，家中的女兒看這個新來的哥哥不順眼，直覺是有一個外人來跟她搶財產，而且哥哥對媽媽也不孝順，動不動就大小聲。這樣的情況過了10年，兩人雖然合不來，也還算相安無事。不幸的是，某一天兩人起衝突，哥哥打了媽媽，妹妹勸阻無效，反而也被打得很嚴重，妹妹氣不過，想說在這樣下去可能會危害母女兩人生命安全，就拿刀砍哥哥，差點要了他的命。妹妹因此被

判刑5年。

在妹妹入獄不到半年時，媽媽也去世了。哥哥認為妹妹故意殺他未遂，引用法律主張妹妹無法繼承遺產。因為民法規定，故意致繼承人於死，或雖然未致死但受到判刑的人，喪失繼承權。所以，媽媽的遺產全部由這個養子繼承。

等到妹妹出獄之後，知道哥哥獲得所有遺產，心裡很不平衡，到處向人詢問，終於找到把柄，她查到這個哥哥和收養他的媽媽，兩人年齡差距沒有超過20歲，所以依照當年的法律，哥哥根本不能成為媽媽的養子。

哥哥心急之下自己提出確認收養關係存在的訴訟。事實上，哥哥的年齡只差1天就可以符合當時的法律規定。哥哥的親生媽媽做證說她遲了1天才去報戶口，但當年的助產士已經不在，找不到其他證人的情況下，口說無憑，所以法院判決這場官司是哥哥敗訴，確認媽媽與哥哥間不存在收養行為。

既然哥哥根本不是媽媽的養子，妹妹也就不適用民法繼承權喪失的規定，立刻把哥哥原來所設想的局全盤推翻，她理所當然要接收所有遺產。只可惜，被侵害的繼承權請求要回復有兩個條件，除了要在知情後的兩年內進行，從繼承的那天起超過10年也不能請求，為時已晚。

這下糟了，哥哥知道之後，根本不想把財產還給她。

依我了解，那些財產主要是土地，所以，我提供一些法條給這個妹妹參考，比如物上請求權、不當得利，甚至即使

無償讓與第三人都有機會適用第三人返還責任的規定，只要那些土地還沒賣掉，就有機會直接請求對方歸還。

再回到收養的正題。2007年5月23日修正的民法，已經放寬收養的年齡。原則上，收養者的年紀還是要大過被收養的小孩20歲以上，但如果是夫妻共同收養，只要其中一人大過收養的小孩20歲以上，另一人大過16歲以上就可以。同樣的，如果是夫妻其中一方收養另一方之前所生的子女，也是大過16歲就可以成立。

不過，子女被人收養時，除了一些例外的情形外（譬如父母遺棄孩子不知去向），程序上應該得到原來父母書面的同意，並且須經過公證。比較特別的是，修法後養子女只要與養父母在收養登記前，以書面協議，可以不用跟養父姓，仍然可以保有自己原來的姓氏。

稅與法簡單講

1. 民法第182條（不當得利受領人之返還範圍）。
2. 民法第183條（第三人之返還責任）。
3. 民法第767條（所有權之保護——物上請求權）。
4. 民法第1072條（收養之定義）。
5. 民法第1073條（收養者與被收養者法定年齡差距）。
6. 民法第1078條（收養者的姓氏）。
7. 民法第1079條（收養的要件）。
8. 民法第1145條（繼承權喪失之事由）。

49 | 印鑑交別人，小心飛來債務

甲和乙是兄弟，兩人的財產公同共有。哥哥甲去世後，留下一個腦袋不太靈光的兒子，也就是乙的姪子。相較之下，他這個叔叔做事精明些，而且和甲共有財產，就由他處理甲的遺產稅。

甲生前是做生意的人，資金交易的往來頻繁，遺產稅也複雜得多。乙便找上我代為處理遺產稅。

我把事情辦一辦之後，讓乙拿到甲的遺產稅繳清證明，接下來，就可以辦繼承登記了。這一步比較簡單，所以，乙沒有委託我處理，他去找沒有執照的代書。原因很簡單，乙覺得這件事手續不難，找個會辦的人就可以了，收費也比較低，可以省錢。

結果證明，乙想省錢，反而因小失大。

由於甲的土地分別登記在三個戶政事務所，所以要辦繼

承、過戶，各需要提示一張印鑑證明，總共需要三張。這個細節，乙是不知道的。問題就來了，幫他辦的是個沒有執照的假代書，他跟乙要了四張印鑑證明，而不是三張。

很明顯，這個假代書意圖不良，但不知情的乙卻放心地把姪子的印鑑和印鑑證明交給代書。結果，假代書去向別人貸款時，需要一個貸款保證人簽章，就偷偷地拿這個印鑑和印鑑證明去用，成功貸到500萬元。事情進行得好像神不知鬼不覺。

結果，3個月後假代書還不出錢。債權人追錢，追到保證人這裡來，要找乙的姪子負責，最後又找到乙身上。

於是乙只好硬著頭皮回頭找我幫忙。他坦白說明他為了省錢，結果惹禍上身，假代書居然利用他，他後來才知道這個假代書根本沒有執照。

對於當事人把印鑑交給他人，他人以該印鑑所為的行為，即使不是自己授權的，有可能還是得負責。因為有可能會成立所謂「表見代理」，這是會產生法律效力的；換句話說，如果成立表見代理，乙的姪子必須為假代書的債務負起保證人的責任。

商場上，這種因為交付印鑑給別人，而導致損失的情況比比皆是，發生過的案件多如牛毛。但是，受委託的人擅自假藉當事人在法律上已經授權，私下做一些狗屁倒灶的事，因為成立表見代理，最後變成要當事人負責，造成很大的衝擊。

　　基於這層考量，最高法院的見解認為，我國人民將自己印章交付他人，委託他人辦理特定事項者，比比皆是，如果持有印章的他人，除了受託辦理特定的事項以外，其他冒用本人名義所為的任何法律行為，都需要由本人負責，事實上反而會危害社會交易之安全。因此要求交易對象（即本例中的銀行）要先舉證有什麼事實讓他覺得有表見代理的存在。乙知道了以後，非常高興。不過，這樣的事情，往往非上法院解決不可，而實務上也要求被盜用人，要舉證印章是被盜用的，對乙的姪子來說是徒增麻煩。

　　預防勝於治療，遇到類似的情形，自保的方式，就是在委託書把委託事項與範圍寫清楚，而且印鑑證明書或任何身分證明，甚至影本，也要多寫一行「僅供辦理土地繼承使用」之類的特定使用範圍的說明文字，以防受騙。

稅與法簡單講

1. 民法第167條（意定代理權之授與）。
2. 民法第169條（表見代理）。

50 人頭戶扯不清，害人害己

前陣子，有個讀者看到本專欄，找我訴苦，說她老公十幾年前用她的名義投資某家公司，插乾股當董事，但後來公司經營不善，不了了之；國稅局最近通知這家公司的董事，詢問：公司解散了，要推派誰當清算人？若沒選清算人，依法，董事是公司的清算人，必須繳納公司所欠千萬元稅款。

這位讀者事實上早把股份讓出，依2001年11月12日修正前的公司法，視為解除董事職務（修正後改為只有公開發行公司的董事才適用轉讓超過二分之一當然解任的規定）。可惜，這家公司沒有到經濟部辦理，所以有這個後遺症，現在也沒辦法去舉證證明當初的情形了。說真的，人頭問題多，所有人和人頭戶，都會受害。我再舉幾個例子：

某甲利用朋友乙、丙、丁當人頭去買股票和土地。後

來，他找乙要回股票時，乙竟說已經賣掉。找丙，丙也去世，因為是現股戶，股票還被兒子賣了。

他再找丁，當年，甲向丁買地，但沒有過戶，有點類似現在的信託，但丁也去世，小孩已經辦理繼承，而且追索的時點已經超過法定時效15年，請求權消滅。現在，如果甲懂得向地政機關辦理訂立信託契約並辦理登記，就不會有這種損失。

另一個例子：有個A先生怕被查稅，他以深愛的女友B小姐的名義去銀行存款2,000萬元，印章和存摺都在A先生手上，但有天B小姐到銀行去，跟行員說印章、存摺遺失，成功領出1,000萬元，被A先生發現了，跑來找我解決。

我跟A先生說，有二條路，要不是告B小姐侵占，就是告她不當得利，是侵權行為；這就要看A先生是想讓B小姐留下前科還是坐牢，或者只要把全部或部分的錢要回來就好；最後A先生決定，能把剩下的1,000萬元拿回來就好。

在我的建議下，法官調查銀行存摺看交易明細，以及當年度的存款條和提款條上面的筆跡，證明是A先生所寫，而且B小姐對於存款來源也支吾其詞。

另外，我也教A先生聲請假扣押B小姐人頭帳戶資金，免得再被領走。

　　A先生成功拿回1,000萬元，我笑說，被女友領走的1,000萬元就算是他的學費吧，況且，B小姐已經把1,000萬元花掉，也沒有財產可以追索，所以就算告贏，也沒辦法拿回那筆已被領走的錢。

 稅與法簡單講

1. 民法第37條（法定清算人）。
2. 民法第125條（一般時效期間）。
3. 公司法第197條（董事之當然解任）。
4. 信託法第4條（登記對抗要件）。
5. 民事訴訟法第522條（聲請假扣押之要件）。
6. 民事訴訟法第523條（假扣押之限制）。
7. 中華民國刑法第335條（普通侵占罪）。

51 | 違反公序良俗，契約無效

前一陣子的新聞說，有個小姐和小她很多歲的男子發生姊弟戀，兩人還簽婚前協議書，寫明男方必須在父親過世6個月內和她結婚，也簽了張千萬元的本票做擔保。這個協議書後來被法官認定內容違反善良風俗，無效，小姐必須歸還本票。其實，有些契約，違反公序良俗，沒有法律效力，即使雙方同意，訂了等於沒訂，民法就是這麼規定的。

我經手的案例，有一個年紀很大的A先生，身家財產不少，但非常愛惜他的錢，一心想省遺產稅，所以有些財產就用二兒子和媳婦的名義買，有些則贈與給大兒子。但他怕大兒子亂花他贈送的財產，就用抵押設定，沒想到贈與5年後，大兒子意外車禍死亡。

A先生贈與給大兒子的財產被國稅局查到了，於是A先生就出面主張該筆財產不屬於大兒子的遺產；A先生夫婦

也不希望繼承大兒子遺產的年輕媳婦改嫁，只給媳婦大約2,000萬元，而且要媳婦寫切結書，不能要其他的財產，同時在兩個小孩未成年前不能改嫁或交男朋友。

後來媳婦不認帳，主張她是在丈夫剛過世時的悲痛期間、沒時間思考的情形下被迫寫下的，不但要爭取財產，也想改嫁。

基本上，A先生要求媳婦簽下的切結書違反公序良俗，無效；而且我認為，重要的不是錢，只要媳婦改嫁之後，新的家庭能善待小孩比較重要。但A先生是個精打細算的人，處心積慮就想拿回大媳婦分到的財產，如果對方有合法的權利，這是不可能的。

另外一個例子，有個B先生和女人發生婚外情，時間久了，女方認為這樣下去沒有保障，便要求B先生把兩人一起住的房子過戶給她，但B先生心想，只怕房子過戶之後，女朋友就跑了，所以要求寫下契約書，大意是如果女方在15年內甩掉B先生，土地房屋就要歸還給他。

果然，房子過戶之後的第5年，女方想跟他人結婚，但B先生說得歸還房子。當時，B先生私下先拿走所有權狀，跑來我這裡，說要把房子過戶給他自己，但是辦理過戶手續，除了要印鑑證明，也要取得對方同意。

我說，當初你自己同意送她的契約約定有效，但是歸還的約定可能就會被法官認定無效了，如果不好好講，硬是要自己偷偷去辦過戶的話，有一天鬧出事來，會變成偽造文書

和侵權行為，對方可以提告，而且強制執行你的財產。

其實，拿走所有權狀也沒有用，因為對方可以公告遺失，1個月後就可以再申請新的所有權狀，而且這份契約違反公序良俗。所以，我要他們私下解決。

從上面的例子可知，不是「白紙黑字」就一定「安啦」，仍然得看內容是不是恰當。

稅與法簡單講

1. 民法第72條（違背公序良俗之效力）。
2. 民法第184條（侵權行為）。
3. 中華民國刑法第210條（偽造變造私文書罪）。

52 | 請求時效，別只知其一

在10幾年前，鄉下有個老先生，他跟老太太感情不好，後來更負氣離開台灣，到國外定居。母親和唯一的兒子相依為命，住在原本的房子裡，不幸，有天發生火災，兩人因此喪生。這件事，人在國外、音訊全無的老先生並不知情。

房子空著，兩個流浪漢甲和乙，就自己住了進去。甲的腦筋動得快，利用別人不用的農地，堆放撿來的垃圾，做資源回收，發了大財，就另「找」新房子，利用別人還沒登記的不動產時效取得，登記在自己名下。

至於流浪漢乙，還住在那房子裡，後來把房子前面隔成店面，做起生意。移民海外的老先生，回國後，發現乙占據他的房子。

乙當然不願放棄既得利益，他跑去向甲請教「時效取得」房子的辦法。甲便教乙「先下手為強」，趕快去請求登

記，而且寄存證信函給老先生。

老先生認為乙是無權占有房子，但乙反駁說老先生已經15年未請求。

其實，流浪漢甲和乙占用的房屋，雖然只差在原所有權人有沒有去登記，但結果可是天差地別。依大法官會議解釋：已登記的不動產之所有人的回復請求權，不受限15年時效消滅規定。理由是，依民法土地非經登記不生效力，而且依土地法所做的登記，有絕對的效力。這麼一來，老先生可以要回本來就登記在他名下的房子。

還有一個故事。A先生把土地抵押給B先生，貸款20萬元，讓兒子出國讀書。B先生認為對方有錢再還即可，不但沒有收利息，也因為有抵押登記，所以很放心，沒有催討過這筆錢。

經過16年，B先生年紀大了，看到A先生的兒子已經發跡，就希望A先生有錢可以還他。不過，A先生的兒子反對還錢，他告訴B先生，依法這筆錢的請求時效已經消滅1年多。A先生手頭沒錢，看到兒子這樣忘恩，也無可奈何。

B先生感歎，當年算是半救濟A先生和他兒子，現在卻連本金都要不回來，更氣的是，A先生的兒子還寄存證信函給他，說債權已經消滅，要求塗銷抵押登記。

B先生打電話跟我訴苦。我問他：「當初的借據是怎麼寫的？」B先生把舊舊的借據找出來看，果然發現借據上面有寫，還款的期限是1年，只不過B先生在期限到的時候沒

有向A先生討錢罷了。

事實上，抵押權的時效期間另有規定。為了幫B先生，也為了讓A先生那不懂飲水思源的兒子學到教訓，我告訴他們：依法主債權雖然時效消滅，但抵押權人仍然可以處分抵押物來取償。換句話說，B先生依法可以把A先生當年抵押給他的土地賣掉抵債。

一般債權沒有設定抵押，15年不請求就消滅，債務人可以用這個主張對抗債權人；但有抵押物就不同了，這也是抵押的意義所在。不過，也要注意，必須在主債權時效消滅之後的5年內，行使這項權利。

稅與法簡單講

1. 民法第125條（一般時效期間）。
2. 民法第144條（時效完成之效力——發生抗辯權）。
3. 民法第145條（附有擔保物權之請求權時效完成之效力）。
4. 民法第767條（所有權之保護——物上請求權）。
5. 民法第770條（不動產之特別取得時效）。
6. 民法第880條（時效完成後抵押權之實行）。
7. 土地法第43條（土地登記之公信力）。
8. 司法院大法官會議解釋第107號解釋。

53 無因管理，
好心未必有好報

6年前，一對兄弟要我幫他們處理父親遺產稅的事，他們感情很好。最近，那個哥哥去世了，他有三個孩子，老大和老二是男生，這對年輕兄弟聽叔叔的建議，也來我這裡辦遺產稅的事，只是他們容易計較，為了一公斤的黃金，吵翻天。

這塊黃金，依協議歸給老大，但是黃金價格不斷上漲，行情週週不同，所以他們估價的結果是愈估愈高，所以好像老大拿得比較多，老二就很不高興，不想在遺產分割協議書上面簽字。他們的叔叔看了也搖頭。

有一天，兩人又吵起來，老大就趁老二到國外出差當天，藉機在老二出門前沒注意到的時候，把老二的狗關到閣樓裡，卻把牠的食物留在樓下。住在隔壁的叔叔知道了，聯絡不上老二，就破門而入去救狗。老二回來之後，雖然很氣

老大，但也氣叔叔弄破門窗，就跑到我這裡，要我評評理。

老二說，叔叔雖然是好意，但是家裡門窗被弄壞了，要叔叔賠。我勸老二，叔叔是見義勇為，這種行為在法律上叫做「無因管理」，雖然沒有義務管這件事，但為了侄子好，插手救狗，不然狗早就餓死了，所以叔叔不用賠。

不過，假如老二只是去上班，隨時可以聯絡，而且當天下班就會回家，甚至知情後也無所謂，因為狗頂多被餓一餐，還不能算是急迫危險的情形。依法，在這種情形下，叔叔要先聯絡老二，問他怎麼處理，不能自己破門而入，不然就算沒過失也要賠償。

民法所謂「無因管理」，是沒有受人委任，也沒有義務，卻去替人管理事務，法律規定應該依對方明示或可以推知的意思來管理，而且採用有利於對方的方法去做。但例子說明，即使好心幫助別人，也要先看看狀況，免得好心沒好報。

還有另一個「無因管理」的實例。老先生育有一女一男，女兒嫁人之後沒多久便去世，兒子則在美國念書。有天，老先生酒後被車撞成重傷，前女婿接到通知，從南部趕上來北部，還先出錢照顧前岳父。女婿還沒有另外娶妻，對岳父仍有情有義。

兩週後，老先生去世。人在美國的兒子因為忙碌，走不開，便要姊夫在台灣幫忙辦父親的喪事，還授權要姊夫幫忙處理遺產稅等事宜，變賣老先生遺留股票再匯到美國給他。

　　問題是，這期間都是沒有遺產繼承權的「姊夫」在負擔岳父的醫藥費和喪葬費，身為兒子的沒付過半毛錢，而且好像也無意在事後表示任何「誠意」。

　　女婿的行為，包括送岳父到醫院，花錢照顧到辦理後事，都算是「無因管理」，照理說，兒子於法於理都應該償還姊夫這些支出才對。

　　後來，由我幫忙協調，好心告訴那個「很忙」的兒子，如果沒有付錢給姊夫，賣股票的錢可能就先不匯去美國了，不然，他也可以回來和姊夫打官司，但是可能要從一審打到三審，到時候只是「更忙」而已。

稅與法簡單講

1. 民法第172條（無因管理人之管理義務）。
2. 民法第173條（管理人之通知與計算義務）。

54 善用不當得利，追回權益

過去，鄉下人蓋房子，偶爾都有越界建築的情況。我的兩個鄰居就發生了這樣的事。

A鄰居找人指界，丈量土地時，發現B鄰居越界建築，把房子蓋在他的土地上。民法規定越界建築的異議，要在發現對方蓋房子蓋過頭的時候就提出來；可是，鄰居B的房子都已經蓋了20年。為了補償A鄰居，B鄰居想花錢跟A鄰居買地。但是，A鄰居認為，B鄰居白白使用他的土地20年，如今才要花錢向他買地，公平嗎？合理嗎？感到十分氣惱。而且，就算請求給付租金，依民法規定租金的請求權只有5年時效。

我建議A鄰居可以用「不當得利」的理由向B鄰居抗議，事情會比較好辦，因為不當得利的時效有15年。所謂「不當得利」，就是沒有法律原因，你受益，我受損，你就

應該要把利益還給我。舉例說，某人到銀行打算領5萬元，銀行卻給了50萬元，其中45萬元就算某人不當得利，雖然是銀行失誤，也有權討回45萬元。

最後，A鄰居和B鄰居協議，「不當得利」的金額估算，以租金為準，依土地法規定，地租最高是申報地價的10%，所以就由B鄰居付每年申報地價10%的地租給A鄰居，不過其中有5年已經超過時效了。但另一方面，A鄰居自知沒有在第一時間請B鄰居拆屋還地，也有不對的地方，所以雙方協議地租減半為10年。說穿了，A鄰居和B鄰居計較的不是錢，只不過是「奇檬子」的問題。

另一個不當得利的例子，跟「破產」有關。

某甲在外債台高築，他為了規避債務，就故意脫產，把名下財產大部分都過戶給老婆，只剩祖產土地，因為怕叔伯們會對他有意見，所以沒有賣掉。不過，他把這筆祖產提供給哥哥某乙去抵押給某丙借錢。不久，他因為欠稅被限制出境，為求解決，乾脆自己去向法院聲請宣告破產。

甲的債權人丁是我朋友，他聽過別人建議，知道這種行為是可以被「撤銷」的，心想打個電話，或是寫封存證信函就可以。但為了保險起見，他來請教我。我說，某甲在宣告破產之前，提供土地讓人設定抵押，在破產法裡，算是有害債權人的法律行為，是可以撤銷的，只不過，必須透過破產管理人用訴訟的方式進行。

問題是，撤銷訴訟可能會經過一審、二審、三審，耗費

時日。果不其然，就在訴訟期間，由某丙出面實行抵押權，然後把祖產拍賣掉，並且很快程序即終結，並由某戊拍定取得土地。

依法某戊承受土地的法律行為是有效的。那破產管理人替債權人打的官司就不可能勝訴，因為抵押權已經因為實行而消滅沒有辦法再撤銷，所以，這樣只好參考民法第179條規定，變更當初起訴時的請求，丙債權人優先受償的利益，在法律上的原因已被撤銷，所以丙「不當得利」的得標金額，也得拿出來還給所有債權人。

順便一提，現在已施行的「消費者債務清理條例」（2007年7月11日公布，2008年4月11日施行）中，已打算把聲請撤銷要訴訟的規定，改成只要「意思表示」即可，毋須透過法院，以免發生像丁這樣債權不保的困擾。

稅與法簡單講

1. 民法第125條（一般時效期間）。

2. 民法第179條（不當得利）。

3. 民法第244條（債權人撤銷權）。

4. 民法第796條（越界建屋之異議）。

5. 土地法第43條（土地登記之公信力）。

6. 土地法第97條（城市地方房屋之租金）。

7. 土地法第105條（租金限制之準用規定）。

8. 破產法第78條（破產對財產之效力（五）——詐害行為之撤銷）。

9. 稅捐稽徵法第24條（稅捐之保全（一））。

55 | 你種的水果掉在我家，算我的

我初中就開始讀六法全書。我發現民法當中規定，果樹果實自落於鄰地，視為鄰地所有。我讀到這個規定，非常高興。我的鄰居剛好種了一株很高大的楊桃樹，跟我家的田地相鄰；楊桃樹結實纍纍，很多成熟的楊桃掉落在我家的田地裡。我不但撿起來回家享用，也拿去分給鄰居朋友。我一邊分楊桃，一邊念民法條文，很得意。種楊桃的鄰居A先生一開始很生氣，但也沒辦法。

後來，有個鄰居朋友，也想試試這個方法。他用竹竿去搖楊桃樹，果然搖一搖，楊桃也掉下來不少，他很高興地拿「戰利品」給我看，但我說，「你ㄟ害啦（台語）！」因為那不是「自落」而是「加工脫落」的楊桃，兩者有差別，依法不能算是鄰地所有。

我那個鄰居朋友，他家裡的田和A先生的田剛好也相

鄰，中間隔著一條沒有水的水溝。有一次，A先生的田裡種的芒果，掉到水溝裡，鄰居朋友也想撿為己有，但我告訴他，那水溝算是公有地，所以芒果不是他的，還是屬於A先生（地主）的財物。朋友被我潑冷水，忍不住向我抱怨，「話都是你在說的，你說了算嗎？」但法律就是這麼規定，掉落在公用地的果實，算是原來所有人的。

我還記得另一個跟鄰地有關的趣聞。甲的家裡養雞，有一天他的幾隻雞跑到鄰地，把地主乙種的菜吃得亂七八糟。乙很生氣，就把其中一隻雞宰了。甲知道之後，大罵，「你怎麼可以殺我的雞？」但乙說，「你的雞跑來我這兒撒野！」甲、乙二人為了這件事，鬧得很不愉快。

法律規定是准許主人到別人的田地裡找雞的，但如果對別人造成損害，雞的主人要賠；不過，別人可以留置這些雞，以確保雞的主人會賠償，但不能把它宰了！

當時，甲、乙找我當協調人，我把六法全書搬出來，乙才答應讓甲去他的田裡找尋走失的雞。不過，既然雞都已經被乙宰了，甲又得賠償乙所種的菜，我建議兩者損害相抵，以和解收場。

另外，在鄉下，大家的土地界址較不明顯，因為地不值錢，大家比較無所謂，所以常發生越界建築的問題。有一次，A的房子蓋到B的土地上，B知道以後卻故意不說出來，等A把房子都蓋好了，才叫A拆房子。兩個人吵到我這裡來，我告訴他們，B明知道A越界建築，卻沒有依法表示異

議，而是事後才請A移去或變更建築物，那是B的不對，但A的房子已經蓋到B的土地上，B可以請求A購買占用到的地；如果有損害，還可以請求損害賠償。

　　民法物權編對於鄰地關係的相關規定，主要是為了維持鄰居的和諧關係，所以難免會有必須互相退讓的地方；從這個角度出發，就不難了解為什麼法律會規定有時候所有權人得讓步。

 稅與法簡單講

1. 民法第791條（因尋查取回物品或動物之允許侵入）。
2. 民法第796條（越界建屋之異議）。
3. 民法第798條（鄰地之果實獲得權）。

56 │ 經理人借款，公司負責

有個A先生念大學夜間部，但白天在父親的公司當總經理，有專屬辦公室。2006年初，A先生向B先生借2,000萬元，B先生的條件是要拿辦公室來抵押，所以A先生拿公司大、小章在本票上蓋章，又製作董事會授權他對外貸款的會議紀錄，辦好抵押登記，順利借到錢。

這筆錢，A先生用在公司營運、硬體修繕，部分自己花用，沒有讓父親知道。兩年後，即2008年1月，本票到期，但A先生因為公司營運不佳，還不出錢來，B先生忍了一段時間，過完農曆年後終於忍無可忍，跑去找A先生及他的父親要錢。

那天剛好是大年初五開工日，A先生很不高興，心想就算B先生想討債也應該等到元宵節後再說吧，就叫特助放狼狗出來，把B先生趕回去。

另外，在這個情況下，A先生的父親也撇清責任，說是兒子盜用公司大、小章，而且偽造董事會授權書，所以公司不予負責，要兒子和B先生兩個人自己去解決。剛好，他們兩個人都知道我，要求我處理這件事。

依法，A先生是公司經理人，有為公司管理事務和簽名的權利，他和B先生所簽的本票對公司是有效的，所以即使事實上A先生未經公司授權，法院也可以裁定強制執行，把A先生的公司辦公大樓拍賣掉。

不過，B先生擁有的抵押權就不一樣了，基本上不生效力，因為一般公司經理人如果要買賣不動產或設定抵押，必須要有公司的書面授權，但A先生只製作董事會授權他貸款的會議紀錄，並沒有給B先生公司授權設定抵押權的文件。所以，抵押行為不生效力。

這就是B先生不懂的地方，他原以為已經做了萬全的防範，但有這項「法定限制」，只要公司沒有授權，即使A先生出具偽造的授權書，對公司都不發生效力。

但是，A先生只是個沒有財力的學生，B先生也頗無奈，雖然可以用本票要求強制執行，但他的本票是一般債權，剛好那棟辦公大樓還另外抵押給銀行，求償順位就被排在抵押權之後，公司剩下的財產又不夠清償。B先生就輸在這裡。

B先生私下向我抱怨，說他已經很注意風險了，竟然還被倒債，怎麼還是沒料到這一點，真是「千金難買早知

道」。

　　我上網查詢公司登記的結果，這家公司以買賣不動產為業，也就是說，A先生當初如果是處分公司的不動產，以取得資金，依法就不需要另外得到公司的書面授權。只可惜，A先生做的是設定抵押，並不適用這一項法律，B先生也只能接受，繼續想其他辦法。

 稅與法簡單講

　　1. 民法第553條（經理人之定義及經理權之授與）。
　　2. 民法第554條（經理權──管理行為）。
　　3. 公司法第31條（公司經理人的職權）。
　　4. 公司法第33條（公司經理人不得逾越權限）。

57 | 租來廠房失火，造成傷亡誰賠

有個年輕人進入父親經營的塑膠公司上班，但因為和父親理念不合，常常爭吵，所以乾脆要求父親出錢讓他到外面闖盪。父親心想也好，答應拿出1,000萬元給兒子，但也把話說在前頭，這些錢就當成是給兒子買經驗，如果花完，也沒了。

年輕人很高興，跑到外面租了廠房，自立門戶，還跟父親商量，借用他某某塑膠股份有限公司的商標打知名度，成立某某塑膠工廠。

某天，工人不小心讓工廠著火了，大家都拚命往外跑，剛好有個來訪的客戶，因為不熟悉工廠內部的動線，結果衝到後門，發現防火巷早被圍成小倉庫，根本沒有生路。塑膠著火產生的煙又嗆又毒，那個客戶被煙給嗆昏，不幸喪生。

這場造成有人喪生的意外，要找誰負責呢？找誰賠償

呢？首當其衝的，當然是造成失火的工人，但他的經濟能力有限，就算法律上該負責，一時也賠不起。另外，開這家廠房的老闆，也就是年輕人，因為他是工人的雇主，所以也該負責。只不過，火燒工廠之後，年輕人的心血全付之一炬，包括製成品也燒掉了，不能抵現金，加上既然老爸也說過，錢用完就沒得再要，所以也沒錢可以賠給被害人。

另一個可能性就是屋主，因為這個屋主在裝設電路設備時，不符合屋內線路裝置規則的相關規定，另外為了增加出租面積，擅自違法地把防火巷圍成倉庫，造成逃生通路阻塞，如果可以想辦法證明，這跟客戶的死因有因果關係，也可以向他求償，不過，由於提起訴訟的人必須自己舉證侵權行為的存在，事實上求償有一定的困難。

另外，被害客戶的家屬看到塑膠工廠使用的商標時，本來打算跟年輕人的老爸求償，但在法律上，年輕人的爸爸只是把公司商標授權給兒子使用，但工廠盈虧自負。而且，爸爸也畢竟在商場上打滾過，契約中早就寫明，要求年輕人做生意時，必須告知客戶商標是被授權使用，這間工廠並非爸爸的塑膠公司，另外也載明新開工廠的營運、債權債務和他無關。

再說明白一點，兒子的塑膠工廠是用他自己的名義另外設立的公司，並非爸爸塑膠公司的分公司，爸爸也不是以雇主的身分指示兒子去租廠房營運，事實上也沒有參與營運。爸爸既非工廠的名義上或實際上的經營者，兒子也是成年人

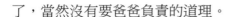

了，當然沒有要爸爸負責的道理。

最後，工人和年輕老闆同意分期付款賠償。而年輕老闆在賠錢後，還是可以回頭再向有過失的工人請求賠償。

從這件事情，也要順便提醒大家：雇主不能以為員工做的事就與自己無關，而某些貪圖房租的屋主，做出像把防火巷圍起來這種違反公共安全的行為，也可能被求償，應該小心。

 稅與法簡單講

1. 民法第184條（獨立侵權行為之責任）。
2. 民法第188條（僱用人之責任）。
3. 民法第192條（侵害生命權之損害賠償）。
4. 民法第224條（履行輔助人之故意過失）。

58 | 老闆，
車子不要隨便借人

$在$ 2005年12月25日上午9時左右，某上班族甲先生開車在路上和別人相撞，對方是一個開小貨車的失業男子。上班族在前一晚參加聖誕派對，喝了酒；失業男子其實也和朋友把酒言歡了一整夜。兩個人「糊里糊塗」地撞在一起。

失業男子開的小貨車沒什麼損傷，甲先生的房車則被撞壞，頭上也腫起一個大包，但他聽到失業男子說自己沒工作，小貨車也是借來開的，況且，兩人前一晚都是喝了酒，也就不好意思索賠，摸摸鼻子，自認倒楣，上班去。

1年後的同一天，兩個人在某個飯局不期而遇，對杯敬酒時「相認」出來。失業男子對甲先生道歉，也把那次撞車的背景一五一十說出來。

甲先生才知道，失業男子在事情發生的前一晚，是和一個開茶葉行的老闆相聚，隔天早上老闆朋友因為宿醉嚴重，

就請失業男子幫忙，開他的小貨車去送貨給客戶。想想，賣茶葉的能賺多少錢呢？所以，甲先生也沒打算找車主索賠。

又過了1年，那天是12月27日，甲先生發現，那個茶葉行的老闆，做生意竟會搶別人的地盤，把同為賣茶葉的甲先生妹婿的客戶都搶走，所以他火大，跑去找那茶葉行老闆求償。

但是，茶葉行老闆說，車子不是他開的，失業男子也不是他的職員，把責任「撇」得很乾淨。

事實上，甲先生告訴我，他把修車的收據和醫藥費單據都保存得很好，證明為此花費2萬元，但事過境遷，他也不想追究這2萬元，只是氣不過茶葉行老闆看起來生意也很賺錢，何必搶妹婿地盤的事。

我發現，雖然失業男子不是受僱於茶葉行老闆而執行職務，但是依據民法規定以及實務見解，在侵權行為的認定上，凡是客觀上被他人使用，提供勞務，而受到他人的監督，就可以算是受僱。這種情形下，僱用人要負連帶責任。

所謂的「監督」，簡單的說就是由他人安排或指定地點、時間以及勞務實施的方式。由於茶葉行老闆確實有指定失業男子在特定時間把茶葉用小貨車載送到指定客戶的所在地，所以，他應該要為車禍的事負起連帶責任。

這個法律上的認定，之所以對僱主從嚴解釋，用意是在保護受害的弱者。這麼一來，就不只是有僱傭契約關係為前提，並且領薪水的才叫受僱，這跟我們一般社會大眾的認知

很不同。

　　只可惜，甲先生這時候再向誰請求賠償都已經來不及，因為侵權行為的請求權在知情之後的兩年內不行使就會消滅。也就是說，12月27日那天，事發滿兩年又兩天，甲先生就喪失對失業男子（行為人）的請求權，所以茶葉行老闆（僱用人）就可以援用這個時效消滅的事實來抗辯。原因是，主要債務人的侵權行為時效消滅，其他連帶債務人也可以主張比照辦理。

　　繞了一圈，答案讓甲先生失望了，但也因此學到一課。另一方面，茶葉行老闆鬆一口氣，而這個教訓也提醒他：做老闆的，車子不要隨便借別人開。

 稅與法簡單講

1. 民法第188條（僱用人之責任）。
2. 民法第197條（損害賠償請求權之消滅時效與不當得利之返還）。

活用稅務與法律

2008年6月初版　　　　　　　　　　　　　　　　　定價：新臺幣280元
2011年4月初版第四刷
有著作權・翻印必究
Printed in Taiwan.

著　　者	林　敏　弘
審 訂 者	林　佳　穎
採訪整理	徐　谷　楨
發 行 人	林　載　爵

出　版　者	聯經出版事業股份有限公司
地　　　址	台北市基隆路一段180號4樓
台北忠孝門市	台北市忠孝東路四段561號1樓
電話	(0 2) 2 7 6 8 3 7 0 8
台北新生門市	台北市新生南路三段94號
電話	(0 2) 2 3 6 2 0 3 0 8
台中分公司	台中市健行路321號
暨門市電話	(0 4) 2 2 3 7 1 2 3 4　e x t . 5
高雄辦事處	高雄市成功一路363號2樓
電話	(0 7) 2 2 1 1 2 3 4　e x t . 5
郵政劃撥帳戶	第 0 1 0 0 5 5 9 - 3 號
郵撥電話	2 7 6 8 3 7 0 8
印　刷　者	文聯彩色製版印刷有限公司
總　經　銷	聯合發行股份有限公司
發　行　所	台北縣新店市寶橋路235巷6弄6號2F
電話	(0 2) 2 9 1 7 8 0 2 2

叢書主編	張　奕　芬
校　　對	夏　荷　立
封面設計	麥奇廣告
版型設計	紫　　色
內文排版	林　燕　慧

行政院新聞局出版事業登記證局版臺業字第0130號

國家圖書館出版品預行編目資料

活用稅務與法律/林敏弘著．初版．
臺北市：聯經，2008 年 6 月
（民 97），256 面；14.85×21 公分．
ISBN　978-957-08-3283-9（平裝）
〔2011年4月初版第四刷〕
1.稅務　2.稅法

567.01　　　　　　　　　　97009101

聯經出版事業公司

信用卡訂購單

信 用 卡 號：□VISA CARD □MASTER CARD □聯合信用卡

訂 購 人 姓 名：＿＿＿＿＿＿＿＿＿＿＿＿＿＿＿＿＿＿＿＿＿

訂 購 日 期：＿＿＿＿＿＿年＿＿＿＿＿月＿＿＿＿＿＿日 （卡片後三碼）

信 用 卡 號：＿＿＿＿＿ ＿＿＿＿＿ ＿＿＿＿＿ ＿＿＿＿＿ ＿＿＿＿＿

信 用 卡 簽 名：＿＿＿＿＿＿＿＿＿＿＿＿＿＿(與信用卡上簽名同)

信用卡有效期限：＿＿＿＿＿年＿＿＿＿＿月

聯 絡 電 話：日(O)：＿＿＿＿＿＿＿＿夜(H)：＿＿＿＿＿＿＿

聯 絡 地 址：□□□＿＿＿＿＿＿＿＿＿＿＿＿＿＿＿＿＿＿＿＿＿

＿＿＿＿＿＿＿＿＿＿＿＿＿＿＿＿＿＿＿＿＿

訂 購 金 額：新台幣＿＿＿＿＿＿＿＿＿＿＿＿＿＿＿＿＿元整

（訂購金額 500 元以下,請加付掛號郵資 50 元）

資 訊 來 源：□網路 □報紙 □電台 □DM □朋友介紹
□其他＿＿＿＿＿＿＿＿＿＿＿＿＿

發 票：□二聯式 □三聯式

發 票 抬 頭：＿＿＿＿＿＿＿＿＿＿＿＿＿＿＿＿＿＿＿

統 一 編 號：＿＿＿＿＿＿＿＿＿＿＿＿＿＿＿＿＿＿＿

※ 如收件人或收件地址不同時，請填：

收 件 人 姓 名：＿＿＿＿＿＿＿＿＿＿＿＿＿＿□先生 □小姐

收 件 人 地 址：＿＿＿＿＿＿＿＿＿＿＿＿＿＿＿＿＿＿＿＿＿

收 件 人 電 話：日(O)＿＿＿＿＿＿＿＿夜(H)＿＿＿＿＿＿＿＿

※茲訂購下列書種,帳款由本人信用卡帳戶支付

書　　　　　　　　　　名	數量	單價	合　　計
總　　　計			

訂購辦法填妥後

1. 直接傳真 FAX(02)27493734

2. 寄台北市忠孝東路四段 561 號 1 樓

3. 本人親筆簽名並附上卡片後三碼(95 年 8 月 1 日正式實施)

電 話：(02)27683708

聯絡人:王淑蕙小姐(約需 7 個工作天)